埼玉ヒストリア
探訪

古利根川奇譚

古利根沿いに眠る
伝説と史話を歩く

髙鳥邦仁 著

はじめに

古利根川沿いに点々と残る伝説。それは謎めくようにあります。「眠るように」と言っていいかもしれません。教科書には載っていないため、学校の先生が余談で聞かせてくれる話以外に、授業で教わることはほとんどないと思います。

例えば、人柱《ひとばしら》伝説。大水によって川が決壊し、土手を修復するために人柱を立てたという伝説があります。自ら人柱に立ったという内容があれば、無理矢理川に放り込まれたというのもあります。龍神に捧げることで荒れ狂う川を鎮め、修復工事の無事を祈念したわけです。

どこかで聞いたことのある話かもしれません。なぜなら、人柱伝説は日本各地に分布するからです。埼玉の利根川沿いの地域もその例外ではありません。それも一つだけではなく複数残っています。「伝説」のため、史実の有無は定かではありませんが、なぜそのような伝説が語り継がれてきたのか、またどのように発生したのかを考えることは、地域の歴史を繙《ひもと》く上で無意味ではないと思います。

また、漂着《ひょうちゃく》伝説があります。大水のとき、流れ着いたご神体や社殿を川には戻さず、そのまま地域で祀ったというものです。中には、獅子頭が流れ着いたのをきっかけに獅子舞が始まったという地域もあります。その一点一点を見ていくと、人と川との深い結びつきを感じずにはいられません。

漂着伝説を伝える神社仏閣の中には、利根川から離れたところに建っているものがあります。果たしてそんなところに漂着するのでしょうか？　これが歴史の難しさであり、面白いところです。

実は、川はずっと昔から同じ場所を流れていたとは限りません。長い歳月の中で流路を変えることはしばしばありました。大水などによって自然に変わることがあれば、人の力で川を付け替えることもあったのです。したがって、現在の小さな川が利根川の本流の名残《なごり》であったとしてもおかしくはありません。同時に、何の変哲もない田畑が、かつての流路跡と比定することもできるのです。ひとたび知識を得れば、突如として眼前に大河が現れることでしょう。

なお、戦国時代の状況を鑑みれば、伝説の裏には当時の城主たちの政治的意図が潜んでいるように思います。川はかつて重要な交通網でした。船が三十艘行き交うことがあれば、関所を設けて行き来を制限することもあったのです。

そのため、当時の城主たちは川を掌握するとともに、対岸から侵入する敵の監視も行っていたのでしょう。だとすれば、そうした役目を担う何らかの施設があったはず。漂着伝説を伝える一部の社寺が、そこに含まれていたとしたら……。スパイ的な活動を行っていた修験者が神仏を勧請し、社寺を創建。修験者は宗教活動を行うと同時に、城主の命を受けて政治的な活動も行っていた。それが後世になって漂着伝説に結びつく。

そんな仮説のもと、漂着伝説を捉えてみました。むろん、全ての社寺に当てはまるわけではありません。直接的な資料がないため憶測の域を出ませんが、本書ではそうした視点で考察を試みてみました。

なお、古利根川沿いには往古の流れを偲ばせる「砂丘」が各地に残っています。川が運んだ土砂や火山灰などが季節風によって巻き上げられ、自然と出来上がった内陸砂丘です。砂丘というと、鳥取砂丘のような海岸沿いを想像するかもしれません。しかし、埼玉は海なし県。埼玉に現存する砂丘は、いずれも古利根川沿いに分布しています。川と風が作り上げた自然の芸術と言ってもいいでしょう。これを「河畔砂丘《かはんさきゅう》」と言います。多くの来訪者で賑わう観光地というわけではありませんが、とても貴重なものです。本書では、羽生市から杉戸町に残る砂丘を取り上げ、僕自身の視点で描いてみました（群馬県にも埋没河畔砂丘というものがありますが、本書は埼玉県に絞ります）。

「利根川」とひと言でいっても広大です。「坂東太郎」の異名を持ち、流域面積は日本国内で第一位を誇ります。全てを取り上げようとしたら、とても一冊にまとまりきれるものではありません。

本書はその中で「古利根川」を対象とします。それは羽生市から杉戸町にかけての旧河川（旧流路）です。それを踏まえて次の三点に視点を絞りました。

①伝　説：漂着・人柱（全ての伝説ではなく、ピックアップしたもの）
②史　跡：河畔砂丘・神社仏閣等
③対象地域：埼玉県羽生市～同県杉戸町

対象を羽生市から杉戸町にしたのは、①が比較的多く伝わり、河畔砂丘もあちこちに見られるからです。むろん、この地域以外にも伝説はあります。河畔砂丘も現存しています。ただ、会の川や大落古利根川の起点に位置する地域ということもあり、羽生市から杉戸町を流れる古利根川流域を対象としました。

これらの地域は利根川中流域に位置し、低地であることが特徴的です。砂丘や自然堤防はあっても、丘陵や山はありません。川は蛇行して流れ、しばしば流路を変えてきました。また、かつて大水も頻繁に起きており、年間約三ミリ沈降するという関東造盆地運動の影響を受けています。そのため、古墳一基まるごと地面に沈んでいる例もあるのです（小松古墳群一号墳。前著『歴史周訪ヒストリア』参照）。

近くに川は流れていないのに、漂着や人柱伝説が残っています。それは、いまとなっては「幻の川」と言っていいのかもしれません。それを物語るように横たわっている河畔砂丘。低地に位置する地域にも、他地域に引けを取らないほど豊かな歴史や史跡がたくさんあります。川との関係は切っても切り離せません。地中には、大水による土砂や地面の沈降によって眠る知られざるものがまだまだたくさんあるはずです。

本書では、伝説や史跡を通して僕自身のエピソードを多く盛り込みました。利根川流域に暮らした人々がいたように、現代を生きる我々も川とともに生きています。僕自身の利根川を描きたくて、このような形を採った次第です。もし、本書をきっかけに読者ご自身の記憶が呼び覚まされ、独自の「物語」を編んでいただけたならば望外の喜びです。

古利根川沿いに残る史跡と伝説、そして謎。中には、いささか不気味、いや切ないと感じる内容もあるかもしれません。しかし、歴史的な視点で読み解けば、川の恵みを受けた豊かな地域であることが見えてきます。あまり知られていない魅力がたくさん詰まっていることも気付きます。ちょっと不思議で切なく、豊かな歴史が見えてくる古利根川探訪。さあ、川の流れに身をゆだね、ともに史跡や伝説を訪ねてまいりましょう。

埼玉ヒストリア探訪　古利根川奇譚◎目次

漂着伝説編

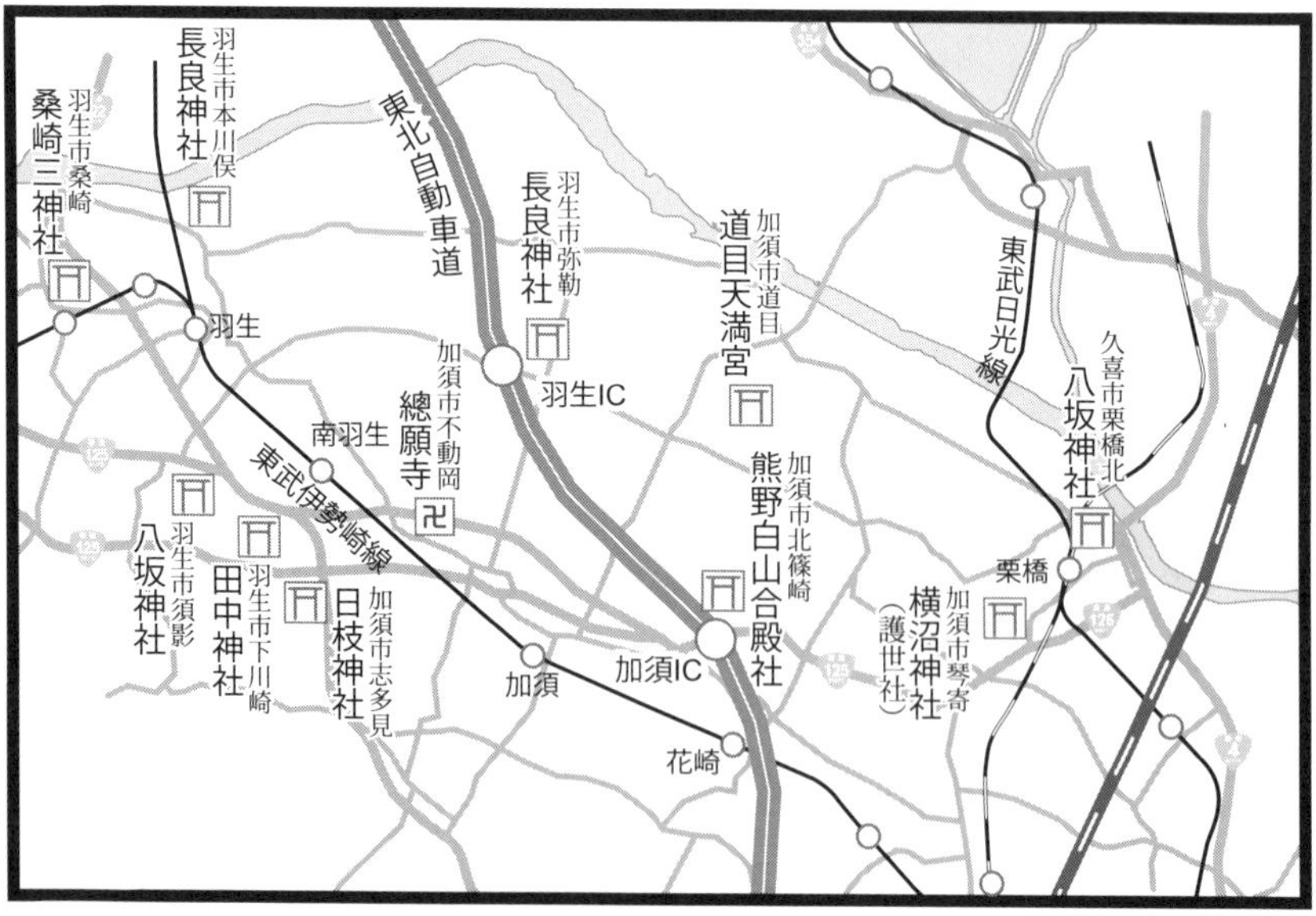
羽生市本川俣
長良神社
羽生市桑崎
桑崎三神社
東北自動車道
羽生市弥勒
長良神社
加須市道目
道目天満宮
東武日光線
久喜市栗橋北
八坂神社
羽生
羽生IC
加須市不動岡
總願寺
南羽生
東武伊勢崎線
熊野白山合殿社
加須市北篠崎
羽生市須影
八坂神社
羽生市下川崎
田中神社
加須市志多見
日枝神社
栗橋
加須市琴寄
横沼神社
（護世社）
加須IC
加須
花崎

神さまは川の流れに乗ってやってくる？ ――漂着神――

人との出会いは「漂着」のようだと思う。自分という島に誰かが漂着し、しばらく滞在。そのままそばにいるのかと思いきや、やがて去っていく。去ったあとにはその人が残したものがある。そして、時にはその後の人生に影響を及ぼす。

その繰り返し。誰がいつ「漂着」するのかわからない。気まぐれのようにも思えるし、運命的に感じるときもある。しかし、何かしらの意味があって「漂着」するのだろう。互いが互いを必要としている。そのタイミングや環境でなければ「漂着」しない。逆に自分自身もまた、誰かにとっての「漂着」なのだろう。

それぞれの役目を終えれば、やがて別れのときを迎える。むろん、ずっと滞在し続ける人もいる。が、多くは出会いと別れの繰り返しではないだろうか。一人でも滞在し続ける人、もしくは居続けられる場所があれば、それは幸せと呼んでいいかもしれない。

古来、人は漂着するものを神秘と捉えた。ただ漂着するのではない。意味があってそこにやってくる。例えば、神仏ならばその村にいたいから漂着したと捉えた。神仏でなくとも神さまからの贈り物と考えた。

これを漂着信仰と言う。祀られた神は「寄神」「漂着神」と呼ばれた。

坂東太郎の異名を持つ利根川にも、多くのものが漂着した。漂着物を祀った例は少なくない。例えば、かつて利根川が二俣に分かれていた羽生市には、上新郷に寄木大明神が祀られている。『増補忍名所図会』によると、流れ着いた杉の木二本を祀ったという。何の神さまかは不明。しかし、流れ着いたからこそ人々は神秘を感じ、神さまとして祀った。もし漂着物でなかったならば何もしなかったはずだ。

漂着伝説を伝える社寺は数多い。むろん利根川沿いだけに限らない。荒川や星川、江戸川沿いの地域にも漂着伝説はある。ただ、「伝説」のため、その内容は後世の創作か、もしくは誰かが伝えた話がその地域に土着した可能性も否めない。史実として鵜呑みにすることはできない。

羽生市から杉戸町に残る漂着伝説が共通しているのは、大水によって流れ着くというものだ。言い方を換えれば、大水の恐ろしさを伝えるものと捉えられる。カエルが小便をしただけで大水が起こると言われた利根川だ。恐怖と不安は隣り合わせだった。大水は人の暮らしを度々脅かした。

ただし破壊だけではない。大水が起こった翌年は豊作だったという。川は恵みももたらした。

破壊の一面だけでは捉えきれない。

そんな大水という非常時（非日常）に神仏はやってくることが多い。破壊と幸を兼ね備えて。漂着物を祀るのも、幸をもたらす存在と捉えていたからかもしれない。漂着した神仏は人々の心の拠りどころでもあった。と同時に、破壊後にもたされる恵みの象徴でもあったと思われる。治水技術が発達し、大水はかつてほどの頻度では起こらなくなった。しかし、その危険が全くなくなったわけではない。大水の危険は常に隣り合わせだ。

だからこそ、漂着伝説を通して川と共に歩んできた地域の歴史に目を向けたい。ただの荒唐無稽な伝説ではない。神秘を語り伝えるものでもない。災害の爪痕とその恐ろしさを伝えるものとして、現代を生きる我々に語りかけてくる。

破壊と幸。人との出会いも似たものだろうか。これまでの考えや価値観をめちゃくちゃに壊す人もいれば、多くの幸せを運んでくる人もいる。破壊のあとにやってくるのは、さらなる破壊か、それとも幸せの創造か……。

人と人とは何かしらの縁によって出会い、離れていく。そのサイクルは不思議なものだ。別れはいつも寂しさがつきまとう。望まずとも離れなければならないときがある。だから人は傷つき、苦しみにあえぐ。

でも、それは次へ行くための別れなのだろう。抗《あらが》いようもなく、避けて通れない通過儀礼のようなもの。自分だけではなく、相手も次へ進んでいく。お互いがそのときを迎えたからこそ離れていく。次の場所へと「漂着」していく。

だからこそ、相手の幸せを願うのかもしれない。例え辛い別れであっても、心から強く、幸せであれと。そんな想いと少しの寂しさを背負った漂着の旅は、いつか辿り着く海まで続いていくのだろう。

さて、これから取り上げる漂着伝説は、主に羽生・加須・久喜の古利根川沿いに分布しているものだ。そこには一体何が漂着したのだろう？　例を挙げれば、獅子頭・仏像・神輿などがある。中には「瞽女」も流れ着いており、多種多様な内容となっている。

では、なぜそこに漂着したのだろうか？　漂着には意味がある。そこが「選ばれた土地」であることを意味している（と、人々は捉えた）。

どうして選ばれたのか？　一つには水利に恵まれた土地であることが考えられる。農作物が豊富に実り、住みよい土地であったということ。また、戦国時代に遡れば、軍事的に重要な場所だったことがわかる。渡河点であると同時に川を監視する場所でもあった。そのため、時の城主に重要視されたのだろう。全ての漂着伝説に当てはまるわけではないが、本書では「熊野白山合殿社」と「道目天神社」の項でその視点から述べた。

漂着物の多くはその地域で祀られた。地域の人々は、そこにどんな祈りを捧げたのだろう？五穀豊穣、無病息災、疫病除け、子孫繁栄などさまざまだったと思われる。また、大水が起きないよう祈念したのに違いない。これは低地の地域に住む人々の共通の祈りであり、宿命でもあった。祀られた漂着物には、人々の川への感謝と畏怖の両方がこめられていると言っていい。

大水が起こり、何かが漂着した。一言で言ってしまえばそれだけのことかもしれない。しかし、もっと深く見ていくとそれぞれのドラマがある。歴史がある。そこに生きた人々の足跡がある。それらは僕らの心に漂着し、何か新しいドラマを作り出す可能性を秘めている。

桑崎三神社
羽生市桑崎

桑崎の獅子にまつわる伝説とは？

餅をつくと血が混ざる。誰も怪我はしていない。血に似たものでもない。どこをどう探しても血が混ざる要因はない。それなのに何度餅をついても血が混ざる……。

そんな怪談めいた話を同級生から初めて耳にしたのは、桑崎三神社《くわさきさんじんじゃ》の脇の道を通っていたときのことだ。なぜそんな話題が出たのかその文脈は覚えていない。十六歳だった。話してくれた同級生は桑崎に住んでいたわけではなく、郷土史に興味があったわけでもない。彼はなぜそんな話を知っていたのだろう。

餅に血が混ざる話はその後も記憶に残り続けた。桑崎三神社の隣で聞いたせいだと思う。〝境内で〝餅をつくと血が混ざる、と僕の中で情報が変化した。だから桑崎三神社はちょっと怖い場所。そこで餅をついてはならない。神社は何も悪くないのに、僕の勝手な解釈で一線が引かれた。

それが事実無根と知ったのは二十歳を過ぎてからのことだ。伝説は確かに存在した。しかしそれは桑崎三神社ではない。他地域に鎮座する神社で、そこには大蛇退治にまつわる伝説が残

桑崎三神社

されていた。古利根川（会の川）沿いに位置するという点では共通していたが、桑崎三神社とは関係ない。記憶の曖昧さと、解釈の一人歩きはいつも健在だ。

とはいえ、桑崎三神社に全く伝説がないわけではない。戦国時代に会の川を挟んで忍城勢と羽生城勢が激突した「岩瀬河原《いわせがわら》の戦い」や、血のついた武具や服を洗ったという「血洗いの池」など、いささか血生臭い伝説が残っている。そもそも桑崎三神社の一つである八幡社は、羽生城勢が合戦で勝利したのを記念して創建されたという。

そんな伝説の中に古利根川に関するものがある。それは獅子頭の漂着。大水によって獅子頭が流れ着いたという伝説だ。

いつ頃の話なのかはわからない。利根川の

会の川

土手が決壊し、押し寄せた濁流とともに獅子頭が桑崎に漂着した。お獅子さまは神さまの化身とされる。神さま（お獅子さま）がやってきたのだから村人は無碍《むげ》にはできない。逆に畏怖し、感謝する。大水で家を流され、田畑を潰されて意気消沈しているとき、神さまの到来は人々の心を慰め、あるいは救ったことだろう。

以来、桑崎では獅子舞が始まった。獅子舞は五穀豊穣や悪魔祓いを祈念して催されることが多い。厄災を避け、農作物が豊かに実り、子孫繁栄を願う。そのためにも大水は起こってはならない。そんな祈りをこめて獅子は舞われたのに違いない。

案ずるに、桑崎の獅子舞はかつて大水除けの祈願が強かったのではないだろうか。獅子頭が漂着したということは、村はたびたび大水に見舞われていたことを意味する。古利根川沿いに位置し、土手が決壊すればその影響も少なくない。そのため治水は人々の往年の願いだった。獅子舞を奉納し、大水をもたらす龍神の怒りを鎮めたのだろう。

獅子舞は現在も実施されている。太平洋戦争時に中断されたが、その後復活した。毎年九月頃になると、桑崎三神社の境内で獅子舞が奉納される。羽生市指定の文化財になっており、子どもたちへの継承も熱心に行われている。今後も地域の人々が伝統を守り続け、その祈りや魂も受け継がれていくのに違いない。

ところで、第一印象というのは強いものだ。その後の関係性を決定付けると言っても過言ではない。桑崎三神社の境内で餅をついても血は混ざらない。後日それを知っても、僕は神社脇の道を通るたび餅に血が混ざる話を思い出してしまう。その話をした十六歳の同級生の顔も思い浮かぶ。

彼は他校生だったが、幼なじみを通じて顔を合わせる機会が多かった。いつも明るい色調の服を着て、カラオケではＸＪＡＰＡＮの「紅」を歌っていた彼。そんな彼が怪談めいたものを神社脇で話したのが僕には新鮮に聞こえたのだろう。地元に伝説が存在することも不思議な

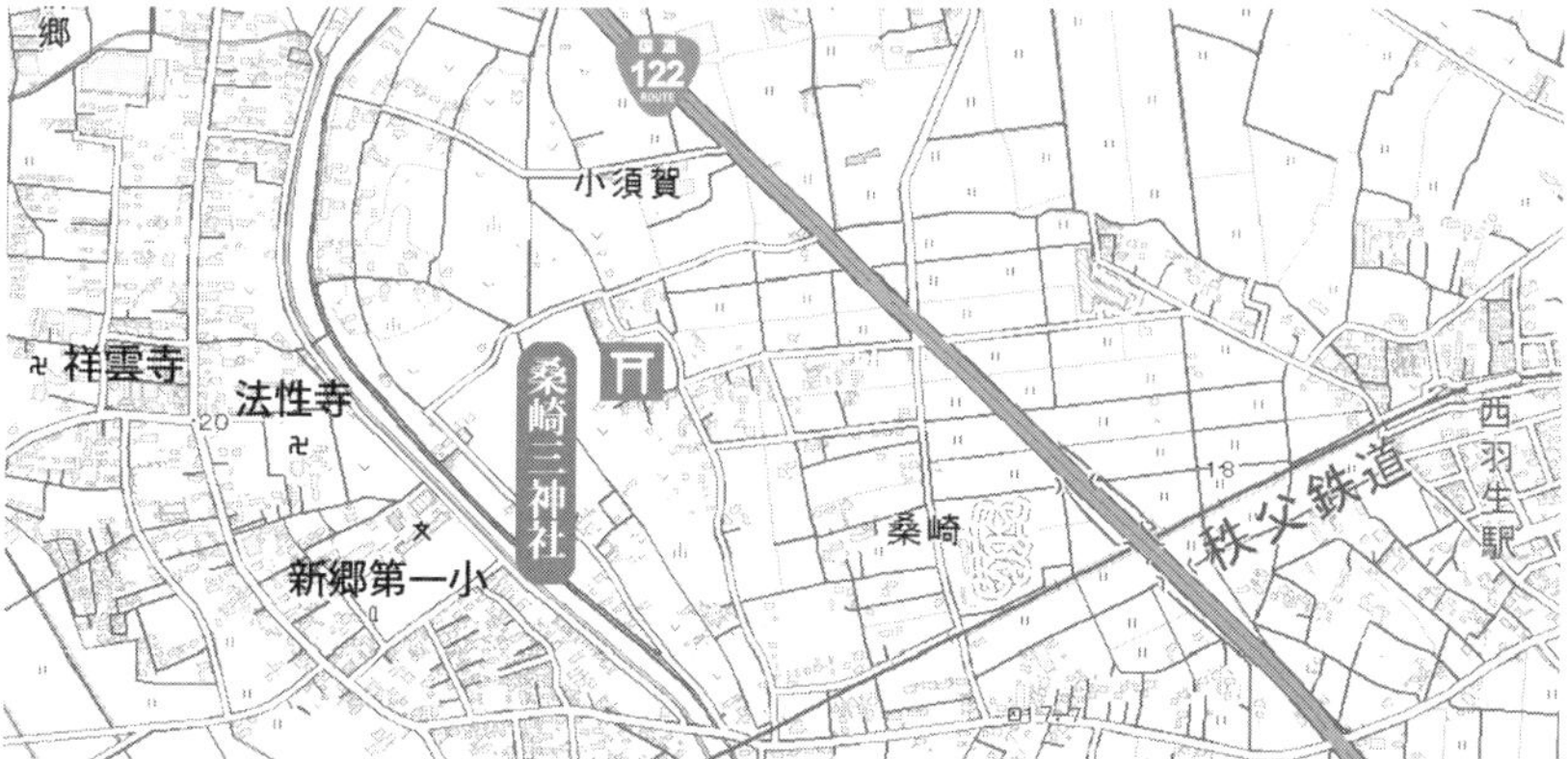

音楽のように耳に残った。初めて触れた地元の伝説だったかもしれない。大人になって会わないことの方が当たり前になっても、桑崎三神社の脇で彼が語って聞かせた話はいまも僕の心に漂着し続けている。

須影に伝わる漂着伝説とは？

八坂神社
羽生市須影

羽生市須影《すかげ》の八坂神社は国道一二二号線沿いに鎮座している。その北側には小さな広場がある。かつてはブランコやすべり台の遊具があった。広場というより公園のイメージの方が強い。幼い頃、僕は祖母に連れられてその公園へよく遊びに行った。いつも誰もいなくて、公園は閑散としていた。独り占め状態ということもあって、遊具で何度遊んだかわからない。そんな楽しい記憶はあるものの、祖母が八坂神社に参拝している記憶は不思議とない。単に忘れているだけなのか、それとも全く参拝しなかったのか……。

八坂神社は比較的新しい神社だ。地誌『新編武蔵風土記稿』や『武蔵国郡村誌』には記載されていない。境内には祠が一基建っているものの摩耗しておりあまり語りかけてこない。銘によれば嘉永二年（一八四九）に創建されたようだが、元々ここにあったものなのか、それとも八坂神社に合祀されたのかはわからない。とにかく、八坂神社について一次資料はおろか、記録や紹介文を目にしたことがない。謎多き神社と言える。

したがって以降の文章は聞いた話によるもの。実は、ここには漂着伝説が伝わっている。神社創建の発端は神さまが漂着したことによる。神さまの形態は定かではない。ではどこに流れ着いたのか？　神社の少し北を流れる手子堀用水路だ。この用水路は須影八幡神社前や須影小学校の裏を流れ、東西に伸びる小さな堀だ。古利根川の流路跡を利用して開削されたものと思われるが、例え満水になっても甚大な被害を及ぼすほどの大きさではない。したがって、洪水というより日常生活の中で漂着したのだろう。

八坂神社

当時はもう少し広い堀だったかもしれない。少なくともコンクリートで護岸されてはいなかった。その堀に神さまが漂着。それを拾い上げたのは須影の住人だった。

余談だが、僕は旅先の川で漂着した位牌のようなものを見たことがある。そこには文字が書かれていた。戒名だったか、それとも神さまの名前だったかは記憶が定かではない。ただ、「それを手にしてはいけない」と直感的に思ったことだけは覚えている。本能のようなもので、なぜ触れてはいけないのか具体的な理由があったわけではない。単純な恐怖心だったと思う。神仏に対する畏怖だろうか。

だから、漂着伝説に登場する人々が神仏を拾う行動力には感心してしまう。度胸がいいというか好奇心旺盛というか……。漂着伝説の多くは、拾い上げた人の素性や年齢などはわからない。もちろんそのときの生活環境や精神状態も定かではない。例えばもし、ひどく傷つき何かを求めている状態だったとしたら、漂着物は何か別の輝きをもって目に映るのかもしれない。

さて、須影の住人は漂着した神さまを拾い上げた。總願寺（加須市）の不動尊が伝える伝説のように、そのとき突然地震が起こった……というわけではなかった。何事も起こらなかった。かくして神さまを祀り上げ、三人の須影住民によって八坂神社が創建されたという。

八坂神社ということは、疫病から村を守り、無病息災に暮らせることを願ったのだろう。以来、この神社の祭礼では神輿《みこし》が渡御するようになった。季節は九月。渡御の前夜、神社の境内でカラオケ大会が催されると、翌日に神輿の出番となる。大人神輿と子ども神輿の両方が渡御する。

僕も幼い頃に担いだことがある。時間が経つごとに重くなるという不思議な神輿だった。というのは、休憩所で貰った缶ジュースをビニール袋に入れ、それを神輿にぶら下げていたからだ。四、五袋はぶら下がっていたかもしれない。まるでオブジェのようだった。誰もジュースを減らそうとは言わない。次の休憩所を待ち遠しく思いながら重量の増えた神輿を担いでいた。須影を練り歩く大人と子どもの神輿。その光景は須影の風物詩の一つに数えられるだろう。

須影八坂神社周辺も開発が著しい。神社前の道路は拡張され、新しくできたパチンコ店につながっている。近くには大型ショッピングモールがあり、車や人の往来が激しい。そばの国道も絶え間なく車が行き過ぎるし、眠ることを知らない。

神社から国道を挟んだ東側にはかつて里山が広がっていた。国道を潜り抜けるアンダーパスの新設に伴って里山は姿を消した。アンダーパス周辺にも新興住宅が建ち並び、時代の急速な変化を物語っている。国道もなかった風景を知っている人ならば、その変貌ぶりに目を見張るだろう。

かつて八坂神社は隠れるようにして鎮座していた。しか

し、いまや神社を覆い隠すものはないように思われる。手子堀用水路は現存しているが、その後整備されて僕らがザリガニ釣りをした頃の姿とは大きく異なっている。

　そんな変貌著しい社会だからこそ、幼い頃に遊んだ神社やお寺には懐かしさがある。神社はその地域の歴史や文化を映す鏡と言える。信仰という聖域であり、地域に住む人々にとって心の拠り所でもある。一方で、いつか帰りたい場所でもある気がする。

　嘘か本当かはわからないが、子どもには神さまの姿が見えるという。だとすれば、かつて僕らも神さまと一緒に遊んでいたのかもしれない。そんな神さまは大人になると見えなくなる。同時に記憶からも消えてしまう。しかし、かすかながらも記憶の断片が残っているから、幼い頃に親しんだ神社を思い浮かべるとき、優しい気持ちになるのかもしれない。八坂神社とそばの小さな広場。そこにいたのは、祖母のみならず八坂神社の神さまも一緒だったのだろうか。

田中神社
羽生市下川崎

漂着した御弊を祀った神社は？

田中神社は羽生市下川崎に鎮座している。社殿は小高いところに建っており、これは川の堤の名残《なごり》だろう。

僕が高校生だった頃、境内には遊具があった。放課後、同級生と田中神社のブランコに乗ったことがある。彼女は中学時代からの同級生で、時々思い出したように会っていた。叶わない恋心を抱えていた彼女。彼女はひたすら待っていた。想い人が振り向いてくれることを。

僕は彼女の相談相手になれるほど経験豊富ではなかったし、待つくらいなら次の恋へ行く性格だったから何の力にもなれなかった。それでも彼女が声をかけてきたのは、彼には伝わらない想いを外に出したかったからなのかもしれない。というのは僕の憶測で、女心はいくつになってもわからない。

なぜ田中神社へ行ったのかいまとなっては謎だ。たまたま通ったところに神社が建っていたからかもしれない。馴染みの場所ではなかったし、実際に高校時代に彼女と田中神社へ行ったた

田中神社

のはその日が最初で最後だった。
ブランコに座ったまま遠くを見つめていた彼女。僕は勢いよくブランコをこぎ、一番高いところで遠くの景色を眺めた。二人とも宙ぶらりんで、どこを漂っているのかわからない。何がしたくて、どんな方向に向かっているのか。指針も指標もない。漠然とした時間の中をさまよっている。いつまでもこの状態が続くわけではない。いつかはどこかに辿り着く。でもそれはどこなのか。一体どんな場所に漂着するのか。それを想像するのは、少しの恐怖心が伴った。

田中神社には漂着伝説が残っている。寛正二年（一四六一）三月のこと、大水によって古利根川（会の川）から流れ着いたものがある。それは御幣《ごへい》（白幣）だった。細長い木に紙や布を挟んで垂らしたものだ。よく見てみると、御幣には三人の神さまの名が書かれていた。すなわち、武甕槌命《たけみかづちのみこと》、少彦名命《すくなひこなのみこと》、天穂日命《あめのほひのみこと》の三柱。

御幣を拾い上げたのは水野貞重という者だった。御幣のみならず、そこに三人の神さまが書き記されているのだから意味深に感じたことだろう。水野氏は川には戻さず、そのまま持ち帰った。そして「田中明神」として御幣を祀ったという。

なぜそのような名前をつけたのだろうか。拾い上げたのは水野氏であって田中氏ではない。名字からとれば「水野明神」とすべきだろう。

名前の由来は単純明快だ。「田中圦」と呼ばれる圦樋に御幣が漂着したからにほかならない。だからもしも山田圦と呼ばれる圦樋だったならば、山田明神になっていたはずだ。

圦樋を名前の由来としていることから、田中神社は灌漑の神さまとして祀られたことが考えられる。いわば水神。古利根川に面しているとはいえ、土砂によって土地が高くなっている場所もあり、自由に水を引くのは困難だった。しばしば水不足に見舞われたのかもしれない。そんな悩みを解消し、豊作を願って御幣は祀られたものと思われる。

田中明神は最初から村の鎮守だったわけではない。もとは水野家の氏神様として祀られたという。しかし、文禄三年（一五九四）のとき、田中明神は堤上に社殿が移されることとなった。文禄三年と言えば会の川が締め切られた年だ。大水の危険が軽減されたため移転されたのだろ

南方用水路

うか。それとも会の川が古利根川となったため、龍神への鎮魂の意味で堤上に移ったのか……。
そして歳月は流れて明治六年（一八七三）、田中さまは再び遷座する。このときの理由は定かではない。遷座から間もない同年七月には村の鎮守となった。最初は水野氏の氏神だった田中さまは、ついに地域の守り神となったのだ。以来、地域の人々から厚く信仰され、現在に至っている。
羽生市下川崎は会の川（利根川）に面しており、古くからその影響を受けていた。「川崎」という地名も、川に突き出た先端という意味がある。かつての会の川は蛇行して流れていた。すると、蛇行部分の陸地は川に突き出ているように見える。川の先端にある集落。かくして「川崎」の地名が起こった。小字の「川面」という地名も古利根川の流れを物語っている。
そんな地域だから、いまは記録には残っていない漂着物も多かったのに違いない。土砂に埋もれたものも多いだろう。

漂着物ではないが、中世の蔵骨器（骨壺）が地中から発見されたこともある。今後、ひょんなきっかけで地中から顔を出す意外なものがあるかもしれない。

小学生の頃、同級生が田中神社の近くに住んでいたこともあって、僕は下川崎に足を運ぶ機会が多かった。当時、神社周辺はのどかな田園風景が広がっていた。道は細くて狭く、道幅いっぱいに広がって歩いても、交通の心配はなかった。家々のほとんどが屋敷林を背負っており、カブトムシ捕りに寄り道したこともある。いまの小学生には想像もできないかもしれない。

ところが、平成に入って少しずつ開発の波が押し寄せる。田んぼは消え、代わりにできたのは工業団地。夏の夜、カエルの声が鳴り響いていた場所は会社の建物がそびえ立ち、田んぼの水路も跡形もなく消えた。屋敷林は伐採され、夜になると家々の明かりがあちこちに見える。かつて、バイト帰りに犬の集団に追いかけられたことのある道は拡張され、トラックが行き過ぎるようになった。新設された街灯が道を照らす。もしもいまの小学生が道幅いっぱいに歩いていたら、たちまち車のクラクションが鳴り響くだろう。

そうした時代の移り変わりによる変貌を、田中神社はどう見ているのだろうか。ちなみに、かつて御幣を運んだ古利根川（会の川）は、田中神社の南側を流れている。存在はしているが小さな流れだ。思わず立ち止まってしまうほどの川ではないと思う。

会の川の対岸にあるのは遊園地「むさしの村」。週末や連休には多くの人出で賑わう。かつて僕の家でも、窓を開ければ「むさしの村」のヒーローショーの声や汽笛の音が聞こえてきたものだ。

時代の変貌の最中《さなか》に田中神社は鎮座している。多少整備され、鬱蒼と生い茂っていた木々もなくなったが、全体的に大きな変化はない。変わったのは神社から見える景色だ。近くに誕生した工業団地や大型ショッピングモールが目に飛び込んでくる。人を化かすおとか（キツネ）やタヌキがいたとしたら、もうどこかに引っ越してしまったのに違いない。僕を追いかけた犬の集団も、少なくとも野放しにされることはないだろう。

神社のすぐ脇を流れる南方用水路も整備された。幼い頃、用水路を覗けば川藻が気持ちよさそうに揺れていた。そんな風景は「昔話」の領域となっている。かつて大水で御幣が漂着したことなど、おとぎ話のようにさえ聞こえる。ただ、周囲の景色が様変わりしても、人々の願いはさほど変わらない。無病息災、家内安全、子孫繁栄……。これからも田中神社は人々の想いを一心に受け、地域を見守っていくのだろう。

放課後、僕らが乗ったブランコはもう田中神社にはない。三十代半ば、一人で神社を訪れ、ついでにブランコに乗ろうとしたがそこには何もない空間が広がっていた。

あの日の放課後を思い出すとなぜか息苦しさを感じる。それは寄る辺ない不安感に似ている。漂い続けたいような、それともどこかに漂着したいような……。答えを先延ばしにし、不安を振り切るようにこいだブランコ。僕らの想いも行ったり来たりしていた。

彼女は高校卒業後、都内の大学に進学した。そして大学卒業と同時に町を出た。その後は思い出したように連絡を取り合っていたが、結婚してからはその数もめっきり少なくなった。もう誰かを待つことなく、幸せに暮らしているのだろう。

田中神社のブランコのあった場所に一人立つ高校生ではない自分。冬枯れした桜の枝を見上げたら、春が遠くに感じられた。漂い続けているのか、それともどこかに漂着しているのか、それはいまもよくわからない。

社殿は川に乗ってやってくる？

日枝神社
加須市志多見

加須市志多見《しだみ》に鎮座している日枝《ひえ》神社。かつては山王社と称されたが、明治に入って「日枝神社」に改まった。

この神社に伝わる漂着伝説は、天正四年（一五七六）の戦国時代まで遡る。利根川の大水によって流れ着いたのは、獅子頭や御幣といったものではなく社殿だった。どこかに建っていたものが流出し、志多見に流れ着いたのだろう。社殿と言っても、往時はずっと小さなものだったのに違いない。

この社殿を祀ったのを機として創建されたのが日枝神社だ。真偽は定かではないが興味深い。大規模な砂丘（志多見砂丘）を形成した会の川が流れる地域だ。何かが流れ着いたとしてもおかしくはない。

天正四年（一五七六）といえば戦国時代も終わりの時期にあたる。『新編武蔵風土記稿』によると、幸手（現埼玉県幸手市）の権現堂堤が築かれたのがこの年だった。

この頃、志多見を流れる会の川（利根川）はまだ締め切られていない。大水が起こって社殿が流れ着いたとすれば会の川だろう。ただ、この頃すでに利根川の本流ではなかった可能性がある。存在はしていたものの、本流ほどの水勢ではなかったとも考えられている。そんな川から社殿が流れてくるだろうか？　いや、大水が起これればかつての勢いを取り戻しただろうし、荒々しさは残っていたはずだ。最も、季節によって水勢は異なっていた。そもそも、伝説は「天正四年」と伝えているが、さらに以前の漂着だったのかもしれないのだから。

　ところで、天正四年から二年の歳月が経った頃、志多見を含む土地を寄進するという願文を奉納した者がいた。その男の名は木戸《きど》元斎《げんさい》。羽生城主木戸忠朝《ただとも》の次男だ。

　このとき、元斎は膳城（群馬県前橋市）にいた。祈願したのは三夜沢大明神（赤城神社／群馬県前橋市）で、元斎は羽生城回復を願い、それが叶ったならば志多見の土地を奉納するとしたのだ（「奈良原文書」）。

　元斎は失意の中にいた。というのも、天正二年（一五七四）に羽生城からの撤退を余儀なくされたからだ。上杉謙信に一度も離反しなかった羽生城だったが、戦況悪化のため天正二年閏十一月に自落。元斎を含む羽生城兵は謙信に引き取られると、上野国の城に配置された。

　羽生城はというと、忍城主成田氏の支配下に入った。志多見を含む羽生領は成田氏に接収され、羽生城には城代が置かれた。

むろん元斎はこうした状況を知っている。上野国にあっても、虎視眈々と城の回復を狙っていたのだろう。天正六年（一五七八）に上杉謙信が関東へ出陣するとの陣触れが元斎の耳に届いた。この機に乗じて羽生城を回復しようと意気込んだことは想像に難くない。かくして三夜沢大明神に願文を奉納し、成就を祈願したのだ。

しかし、その願いが叶うことはなかった。関東出陣を前に上杉謙信は春日山城にて死去。元斎の望みは消えてしまう。それ以後、元斎は再び願文を奉納することはなかったし、志多見が寄進されることもなかった。

日枝神社の社殿が流れ着いたとされる天正四年（一五七六）は、ちょうどこうした時代の変わり目にあたる。その時代情勢と日枝神社に何らかのつながりがあるのかは定かではない。ただ、「漂着」していることからつい想像を膨らませてしまう。もしかすると、木戸元斎の想いを乗せた社殿が上野国から利根川を伝って羽生領にやってきたのではないか……と。いや、それは期待的推測というものだろう。

ちなみに、時代が変わっても志多見は羽生城の支配を受け続けた。天正十八年（一五九〇）に後北条氏が没落。徳川家康が関東に入府すると、羽生城主には徳川家重臣の大久保《おおくぼ》忠隣《ただちか》が就いた。

慶長十二年（一六〇七）三月五日、志多見の長昌院《ちょうしょういん》は新たに土地を開発する。その土地につ

日枝神社

いて羽生城代の徳森伝次は大久保忠隣と相談の上、寺領として付け置くとの証状を出した（「長昌院文書」）。こうした城との関連は慶長十九年（一六一四）まで続いたと思われる。羽生城は大久保忠隣の改易によって慶長十九年（一六一四）に廃城。そこから新たな時代を迎えることとなった。

日枝神社はそうした時代の流れを見続けてきたことになる。もしも木戸元斎の願いが叶っていたならば、どんな歴史を歩んだのだろう。境内に立ち、そんな想像をつい膨らませてしまう。日枝神社と木戸元斎。直接的な接点はないが、両者は同じ時代の流れの中にあったと言える。

日枝神社は小高い塚の上に鎮座している。隣接して建つのは愛宕神社。これは明治四十年（一九〇七）に合祀されたもの。塚下の広場にはかつて雨乞いの池があったという。干ばつのとき水を汲んで神前に供えていたが、大正期を最後に雨乞いは行われなくなった。池は埋め立てられ、その名残も見られない。

日枝神社の近くには国道一二二号線が通っている。車が絶え間なく行き過ぎており、流通の要《かなめ》は川ではなく、陸路に変わっている。

僕が日枝神社を初めて訪れたのは二十代のときだった。何とはなしに自転車を走らせていたら偶然に遭遇した。境内に自転車を止めて参拝。まるで僕は漂着物のようだったと思う。ふらふらやってきて日枝神社を参拝し、境内をうろついたあと去っていく。

日枝神社塚下の広場（一部雨乞いの池跡）

何気ない出会いだったが、志多見に興味を覚えたのはそれがきっかけだった。漂着し、何かを得てまた去っていく。出会いと別れ。それは新しい世界との出会いだった気がする。
日枝神社はいまも変わらず鎮座している。何かに心を痛めていたり、道に迷ったり、心配ごとを抱えているとき、志多見を歩けばふと辿り着くかもしれない。なぜなら日枝神社に出会ったときの僕は、日常に閉塞感を覚えていた時期だったから。何かをきっかけに変わりたいと思っていたから。

日枝神社の神さまはいつでも漂流者を迎え入れてくれる。時にはこれからの指針を指し示してくれるかもしれない。日枝神社はそんな優しさに包まれている、というのは僕の希望的な見方だろうか。

不動尊と岡古井

加須市不動岡・岡古井

漂着した不動尊は地震を起こす？

加須市の不動尊は関東三大不動尊の一つに数えられる。普段から参詣者が多いが、特に三箇日や節分会、火渡り式などの行事には多くの人出で賑わう。

お不動さまの人気は江戸時代以降に爆発した。あまりに参詣者が多いことから、不動尊から南に向かう参道を新しく作るほどだった。それは、江戸での出開帳や館林城主松平清武の援助による影響が大きい。明治期には、日本で最も参詣者が多い寺院としてその名を全国に轟かせている。

むろん、いまでもお不動さまの人気は根強い。足繁く参詣している人は多いだろう。

そんなお不動さまは加須市で誕生したのだろうか？　いや、そうではない。実は利根川の大水によって漂着したとの伝説が残っている。

時は長暦三年（一〇三九）、利根川は大水に見舞われる。利根川と言っても、不動尊の南を流れる会の川が本流だった頃のこと。川には多くの中洲があったらしい。そこにお不動さまが漂着した。お不動さまを拾い上げて祀ったのが不動尊の興りだった。だから、大水もなく漂着も

總願寺不動堂（加須市）

なければ、現在の不動尊は姿形もなかったことになる。

それ以来、お不動さまが漂着した中洲は「不動島」と呼ばれるようになった。村の名前も「岡村」から「不動岡村」に変わる。そして、不動堂を管理する總願寺《そうがんじ》が建立されたのは元和二年（一六一六）のこと。その後、出開帳や松平氏の援助を得て、お不動さまの人気は右肩上がりに上昇していったというわけだ。


ところで、漂着したお不動さまは最初から岡村（不動岡村）にやってきたのだろうか。実は違う。岡村への漂着以前に、別の場所で出現している。では、最初《はじめ》はどこに漂着したのか？　それは不動岡村に隣接する「岡古井《おかふるい》」だ。岡村の上流にあたる。

流れ着いた神仏はその場所を選んでやってくるという。単にどこでもいいというわけではない。

長暦三年（一〇三九）、お不動さまは会の川の大水によって岡古井に辿り着く。見付けたのは村人だった。ありがたいお不動さまの到来だ。畏れながらも喜んで引き上げたのに違いない。

ところが異変が起こってしまう。不気味な地響きが轟いたかと思うと、地面が激しく揺れたのだ。村人は恐怖した。お不動さまが怒ったのに違いない。「拾い上げるな」と言っているのだろう。このまま手にすればきっと罰《ばち》が当たる。

村人は慌ててお不動さまを川に戻した。瞬く間に濁流に消えるお不動さま。一度流したはずの仏像やご神体が、同じ場所に漂着するというパターンはある。しかし、お不動さまは二度と岡古井には戻ってこなかった。

そして、先に述べたように岡村（不動岡村）の中洲に漂着し、祀られることになる。岡村で拾い上げたときには地震は起こらなかったらしい。もし地震が起こったならば、お不動さまは再び川に戻されたかもしれない。

突如起こった地震を、お不動さまの怒りと捉えた岡古井の村人。気持ちはわかる。地震は不吉で恐いもの。地震が起こって喜ぶ者はそうはいない。お不動さまの怒りと捉えて当然だ。

しかし、漂着する神仏は自らの意志でやってくるとしたら、地震は喜びの表現だったのかもしれない。願い叶って岡古井に辿り着き、しかも村人に無事に発見される。あとは祀られるだけ。鎮守として岡古井を守っていく……。そう喜んだがために起こってしまう。地響きを立てて地面が揺れ……。

地震は村人に対する意思表示だったのではないだろうか。お不動さまが村人に「よろしく」と言っていたのかもしれない。

が、村人はそうは捉えなかった。ごく一般的で真面目な人だったのだろう。拾い上げたお不動さまを川へ戻す。怒りを鎮めるかのように。


もしもお不動さまを岡古井に祀っていたらどうなっていただろう？　不動堂は岡古井に建立され、別当の總願寺も同地にできていただろうか。そして多くの参詣者が岡古井に足を運び、新道路が敷設される勢いだったかもしれない。

ちなみに、「岡古井」という地名は地震に由来するという。漂着したお不動さまを拾い上げて丘が震えた。つまり、丘（岡）が震え（古井）た。よって「岡古井」の地名がついたとされるが伝承の域を出ない。

元々この辺りは「古江郷」と呼ばれていた。そして、会の川の自然堤防（丘）が発達していることから、岡古江から岡古井に変わったという説もある。

会の川に面する地域だ。往古はいまよりも発達した自然堤防が見られたのかもしれない。江戸時代の地誌『武蔵志』には、会の川沿いには古堤があったことが記されている。「沖古井」「川

通殿神社

面」「鍋沼」など、水に関係する小字も見られる。大水によって何かが漂着してもおかしくはない地域だった。

現在の岡古井の鎮守は通殿《つうでん》神社となっている。かつては天神社が鎮守だったが、明治以降に通殿神社にバトンタッチされた。祭神は市杵島姫命《いちきしまひめのみこと》。いつ創建されたのかは定かではない。市杵島姫命ということは、女神が岡古井を守っていることになる。この神社には二つのタブーがあるとされる。一つは、天王さま（神輿）をもんではいけないこと。もう一つはお獅子さまを出してはいけないこと。

タブーを侵したらどうなるか？　白大蛇が現れて、田畑を荒らすらしい。人食い蛇ではない。不作という祟りが起こる。そのためこのタブーを侵してはならないとされる。

なぜ蛇なのだろう？　蛇は水神の化身とされる。会の川に面し、川とともに生きてきた地域だ。時に破壊をもたらすが、作物を豊かに実らせてくれる川。五穀豊穣と息災に暮らせることを願う。本来、通殿神社は水神を祀る社だったのではないだろうか。だからタブーを侵したとき、水神の化身である蛇となって現れるのに違いない。

お不動さまと岡古井。関係なさそうで実は繋がっている。一度は漂着した岡古井をいまのお不動さまはどう見ているのだろう。岡古井で祀られて歩むはずだったもう一つの歴史を想像することはあるだろうか。いや、川に戻されることは初めからわかっていたのかもしれない。お不動さまの御心は人間である我々にはわからない。会の川は今日も静かに流れている。

羽生から流れ着いた神さまに潜む謎とは?

熊野白山合殿社

加須市北篠崎

加須インターチェンジのそばに神社がポツンと建っている。その名は熊野白山合殿社。東北自動車道には車が絶えまなく走り去っていくが、境内は静けさに包まれている。

熊野白山合殿社には漂着伝説が残っている。時は戦国時代後期の元亀年中(一五七〇~七三)もしくは天正年中(一五七三~九二)まで遡る。大雨によって利根川(会の川)の土手は決壊し、民家、家財、樹木などあらゆるものを押し流した。神社仏閣もその例外ではない。ご神体や仏像、経典、神具など、ひとたび水をかぶればひとたまりもない。

羽生市小松に鎮座する熊野白山合社(小松神社)もその被害にあったらしい。同社に祀られていた金幣と本地仏の釈迦如来・阿弥陀如来は水をかぶる。そして成す術もなくそのまま流されてしまう。

しばらく川の流れに身を委ねていたが、やがて岸に打ち上げられる。その場所は北篠崎村(現加須市)だった。村人は漂着物に気付く。そして拾い上げると、それは金幣と仏像二体だった。村人たちは目を丸くする。

神さまと如来さまが北篠崎村を選んで来て下さった。これを祀らないわけにはいかない。かくして村人たちは金幣と釈迦如来・阿弥陀如来を祀り、熊野白山合殿社を創建したのだった。以来この地に鎮座し、現在に至っている。

とても興味深い伝説だ。確かに小松神社と熊野白山合殿社は会の川でつながっている。大水によって流出したものが北篠崎に漂着しても物理的におかしくはない。

ただ、この逸話にはいくつかの謎が漂う。羽生の小松で水をかぶったとしても、金幣と如来さまはバラバラになることなく北篠崎村に漂着したのだろうか。また、人々はなぜそれが小松から漂着したものとわかったのだろう。その情報がわかる銘が刻《こく》されていたのだろうか。

謎は多い。が、熊野白山合殿社は創建され村の鎮守となった。初期は小松の修験者が管理していたという。のちに北篠崎の医王寺の管理下となる。また、大正期まで小松から神楽師が当社に来て、神楽を奉納していたとも伝わっている。

それは湯立て神楽だろう。いわゆる「オヒッパ」と言われるもので、小松の修験者はその舞い手として知られていた。羽生のみならず、近郷近在の神社から依頼を受けて舞っていたという。熊野白山合殿社の境内でも厳かに、あるいは華やかに湯立て神楽が奏されたのに違いない。

伝説が伝える漂着時期、すなわち元亀年間と天正年間はいずれも戦国時代にあたる。羽生城が存在していた時代で、北篠崎はその支配を受けていたとみられる。

天正二年（一五七四）閏十一月までは木戸氏が羽生城に在城し、上杉謙信に従属する姿勢を崩さなかった。周囲の城が後北条氏に属す中、羽生城だけは反北条の態度を取っていた。したがって羽生城は苦しい戦いを余儀なくされ、特に天正二年は孤立無援の状態だった。

熊野白山合殿社の伝説は具体的な年号を伝えていない。また、伝説を史実として裏付ける資料もない。

それを踏まえた上、仮に伝説を史実とするならば、僕は木戸氏による軍事的な意図をそこから読み取る。すなわち諜報としての拠点だ。

神社は会の川の北側に位置し、川を少し下れば川口（現加須市）に至る。川口は北から流れて来た浅間川と合流し、渡良瀬川にも通じる水運の要衝地だ。対岸の高柳《たかやなぎ》（現久喜市）は、かつて足利義明《あしかがよしあき》（のちの小弓公方）や古河公方足利晴氏《はるうじ》が在住したことでも知られる。むろん、高柳が住みやすかったからではない。舟運交通に目を付けてのことだ。義明は「高柳殿」とも称され、その御所は同地の宝聚寺《ほうじゅじ》付近にあったとされる。

熊野白山合殿社は、そんな川口や高柳から上って来る者を監視する役割を担っていたとすればどうだろうか。監視だけではない。情報を収集し、逐一羽生城に伝える。すなわち情報収集機関、もしくは諜報機関だった。

あくまでも憶測として話を進める。当時、神社に在住していたのは武士というより修験者だった。当時の修験者は大名や国衆と結びつき、間諜の役割を担っている者が多かった。布教を名目に全国を行脚することができるし、独自のネットワークも持っている。彼らはスパイのように暗躍していたとされる。

そんな諜報活動をしていた修験者の拠点として羽生の小松が挙げられる。『新編武蔵風土記稿』によると、そこには七人の僧がいた。小松神社を管理する施設として、隣接して建っていたのが小松寺だった。彼ら修験者は、羽生城からの依頼を受けて諜報活動をしていたと仮定してみよう。

実は、羽生城と小松神社は深くつながっていた。天文五年（一五三六）には、羽生城の広田《ひろた》直繁《なおしげ》・木戸《きど》忠朝《ただとも》兄弟は三宝荒神御正体を寄進している。その後、直繁とその父が阿弥陀如来座像を寄進し、積極的に同社に働きかけていた。これは新参者だった羽生城主が、在地的基盤の弱さを埋めんがための

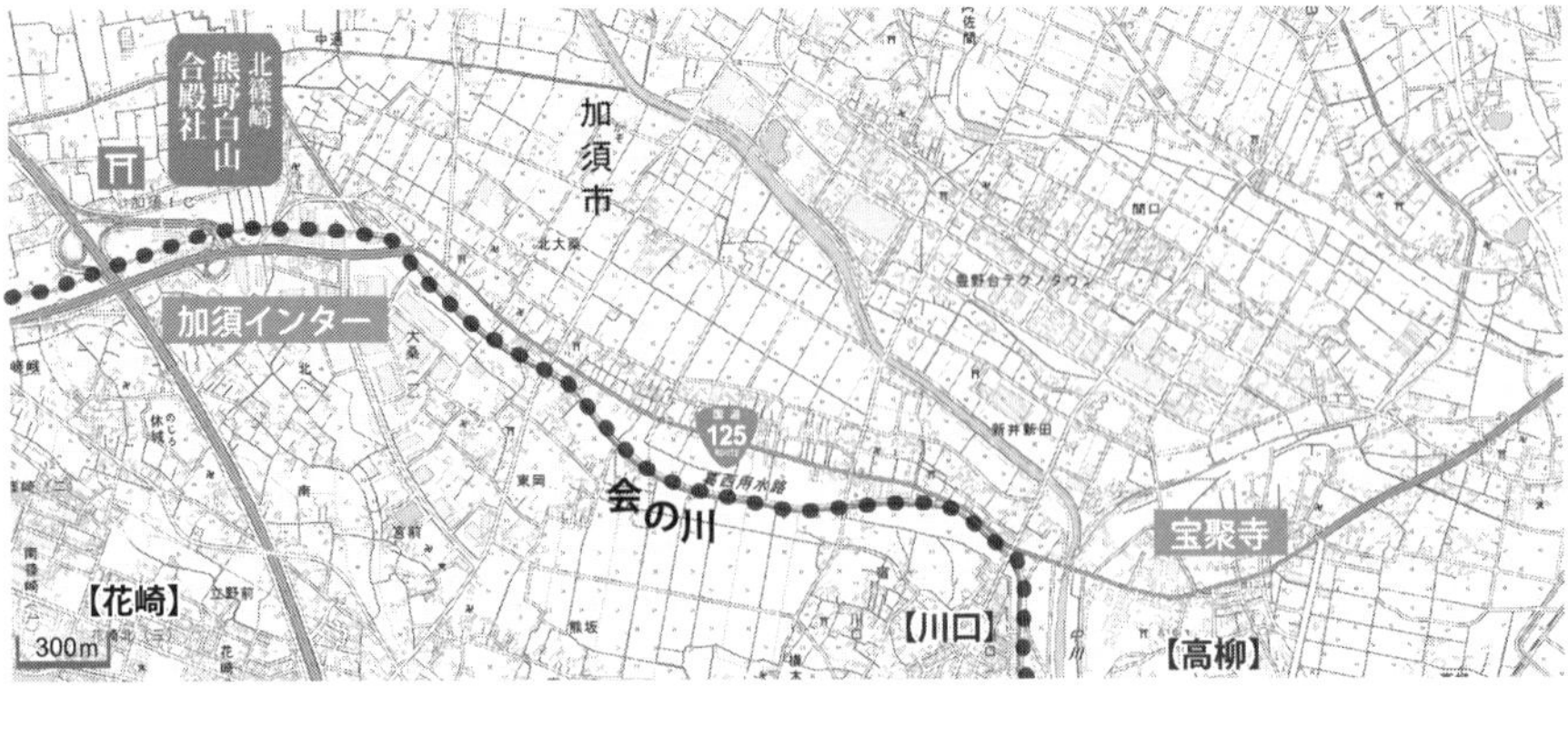

働きかけと思われる。

永禄三年（一五六〇）に上杉謙信が関東に出陣。これによって新たな時代を迎えた。関東を舞台に、謙信と後北条氏が激しく火花を散らすようになったのだ。各城主（国衆）たちはその戦渦に巻き込まれていく。

そうした情勢の中、木戸氏は会の川沿いに諜報網を張ったのではないだろうか。情報収集に努め、常に周囲の動向を探らせた。その一旦を担っていたのが小松神社だった。憶測の域を出ないが、羽生城と関係の深い小松神社や小松寺は、城主の命を受けて情報収集や監視などに活躍していたと思われる。

そしてその諜報網を強化するものとして、北篠崎に新たな拠点が設けられた。それこそが熊野白山合殿社だった。砦ではない。あくまでも宗教施設だ。

そこへ派遣されたのが小松神社の修験者だった。両社は会の川一本でつながっている。また、熊野白山合殿社は、舟運交通の要衝地の川口や高柳に程近い。監視を兼ねて情報を入手しやすい。

さらに、神社から南に向かえば花崎城（現加須市）がある。これは羽生城の支城だ。発掘調査により、障子堀を張り巡らせた城だったことが判明している。熊野白山合殿社が諜報機関とすれば、花崎城は軍事施設だ。両者が連携していたとしてもおかしくはない。羽生城の南東を

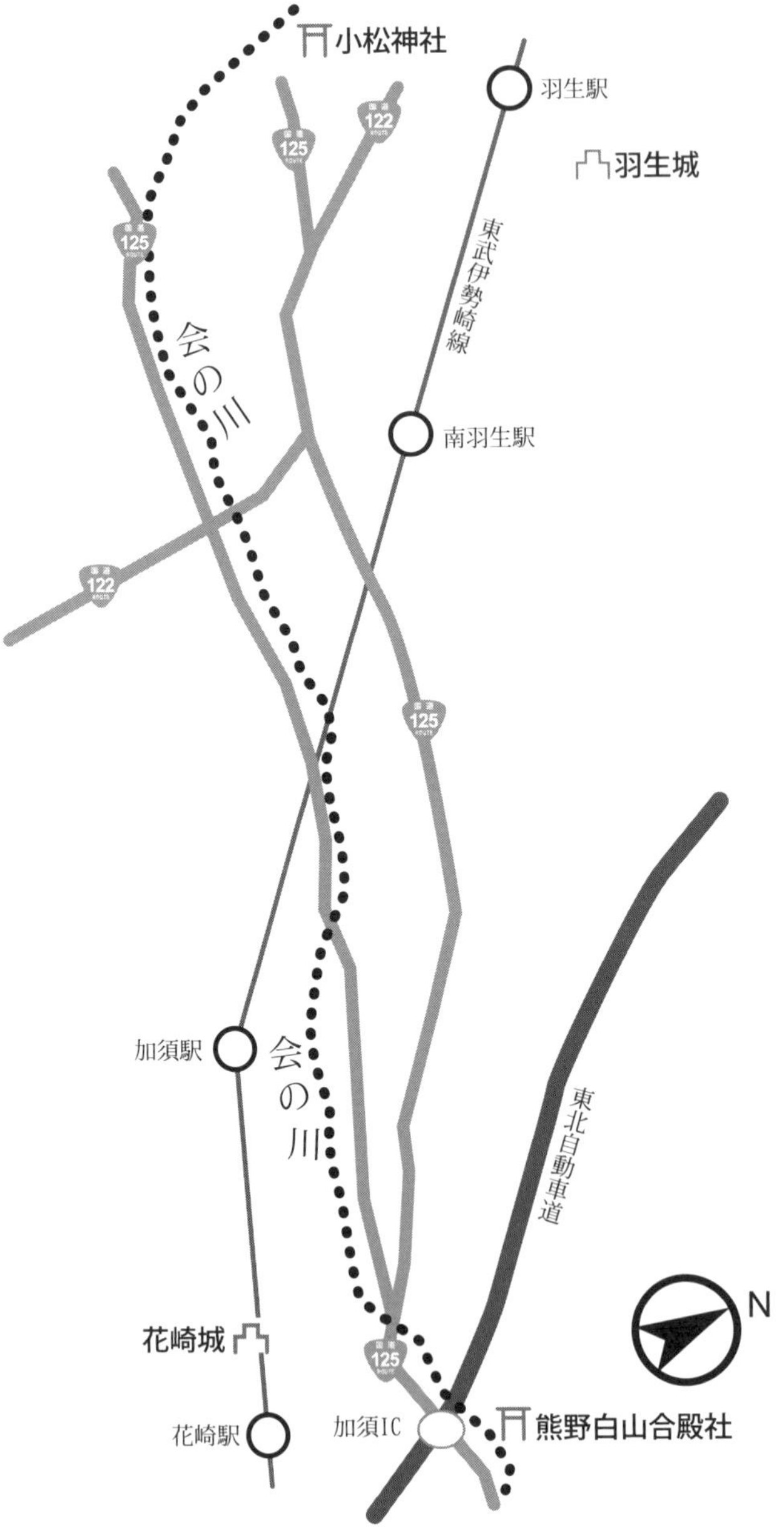

守るものとして、神社と城は連携し、機能していたと考えられる。

ゆえに、熊野白山合殿社は「漂着」をきっかけに創建されたのではない。羽生城主の政治的・軍事的な意図をもって創建された。祀られたご神体も漂着神ではなく、小松の関係者が何らかの形で関わったものではないだろうか。そのため、小松神社から流れ着いたという伝説が生まれたのかもしれない。

先に述べたように、伝説を史実と裏付けるものは現在のところ見付かっていない。ただ、戦国時代にご神体が小松神社から漂着したこと、神社の位置する場所や、南に花崎城があることなどを鑑みると、単なる漂着伝説として見過ごすことができなくなるのだ。この観点から言えば、永禄六年（一五六三）に羽生城主が永明寺《ようめいじ》（現羽生市）を再興したのも、この付近が渡し場であったため（『廻国雑記』）、川の監視を担わせるためと捉えることができよう。伝説ではあるものの、漂着が伝説の域を出ない限りは羽生城との関連性を指摘しておきたい。

熊野白山合殿社

現在の熊野白山合殿社は、戦国時代の血生臭さなど無縁だ。花崎城跡は公園や住宅街となっている。ちなみに、熊野白山合殿社は虫歯に効く神さまとして知られていた。特に白山さまにそのご利益があるという。境内に置かれた楊枝を虫歯にあてると治ったのだとか……。

なんとも素晴らしいご利益ではないか。歯科医泣かせでもある。虫歯が治った者は、神社に楊枝を返却して感謝の意を表した。ただ返すのではない。倍返しだった。医師が少なかった時代は、患者は藁にもすがる思いで訪れたのだろう。

熊野白山合殿社は小高い山の上に鎮座している。その横に並ぶようにして鎮座するのは御嶽社と弁天社。前者も小高い場所に建っている。会の川に近いことから意味深に見えてくる。

会の川は神社から少し南へ行ったところを流れている。伝説が史実ならば、この流れに乗って金幣と釈迦如来・阿弥陀如来が漂着したことになろう。しかし、視点を変えると北篠崎へ漂着したのは必然だったのかもしれない。何か隠れた歴史があるのではないだろうか。そんな想像を膨らませるのに十分な魅力が、熊野白山合殿社の伝説には漂っている。

羽生に二社しかない神社の謎とは？

長良神社
羽生市本川俣・弥勒

中学生の頃、僕には「利根川仲間」と呼べる同級生がいた。週末になると利根川へ行き、日が暮れるまで川辺で遊んだ。ロケット花火を打ち上げたり、対岸に向かって凧を揚げたり、好きな子の名前を叫んだりと、中学生のたわいもない遊びだったがたまらなく楽しかった。

利根川仲間は僕を入れて四人いた。メガネ、天然キャラ、兄貴のいる次男。優等生タイプでもなければ劣等生でもない。優等生ならば、受験生になっても利根川へは遊びに行かなかっただろう。彼らはある意味クラスで目立つ個性を持っていて、もてるタイプもいれば、三枚目タイプもいた。そんな彼らの中にいた僕は、どんなキャラに位置付けられていただろう。

利根川はいつも悠々と流れていた。春になると雲雀の鳴き声が空から降ってきて、気だるい眠気を誘った。いつだったか、対岸の土手向こうから聞こえてきたのは選挙カーのスピーカー音だった。熱っぽい声が河原の静けさを誘い、僕らは切り取られた世界の中にいるような気がした。ごくたまにボートが川を滑っていくと、さざ波が川辺に打ち寄せた。それが面白くて、裸足になって川の中に入ったのを覚えている。土手でフルートを吹く女性、河原に並んで座るカップル、ビート板で対岸まで泳ぐ他校の同級生、一度だけ羽生市内で見たハクレンのジャンプ……。利根川はいつも驚きと新鮮さに溢れていて、男子中学生には飽きることのない場所だった。

利根川からの帰り道、僕らは決まって小さな商店に寄り道した。店の前を葛西用水路が流れ、近くには川俣小学校が建っていた。僕らの目当てはカップ焼きそばとゲーム。店の入口にはゲーム機が一台置かれていて、カップ焼きそばを食べながら格闘技ゲームを全面クリアするまで過ごした。利根川遊びで空腹になった僕らに、その焼きそばの味は極上だった。

店の近くには神社が鎮座していた。いつ通り過ぎても参拝者はおらず、境内は静けさに包まれていた。周囲は住宅街で、犬の鳴き声や布団を叩く音がどこからともなく聞こえた。本殿の横にいくつも並んでいるのは石碑。物言わず佇んでいる。僕らは神社の前を通りかかっても境内には入らなかった。むろん、その神社がどんな歴史を持っているのか知る由もない。どこにでもある何の変哲もない神社にしか見えなかった。それが羽生市内に二社しかなく、隣町には存在しない神社と知るのはずっと後になってからのことだ。

長良神社。その神社はそう呼ばれた。「長良」と書いて「ながら」と読む。あまり馴染みのない神社かもしれない。初めて知る人も少なくないだろう。羽生市内には本川俣《ほんかわまた》と弥勒《みろく》にしか鎮座しておらず、隣町の行田市や加須市には存在していない。

羽生市本川俣の長良神社は漂着伝説を伝えている。時は戦国時代、天正三年（一五七五）のこと、利根川は大雨により暴れ川となる。本川俣は利根川に面しており、古くから川の影響を受けた地域だった。河岸《かし》が設置され、また利根川から直接水を引く葛西用水路が本川俣を流れるようになったのは江戸時代のこと。利根川との関係は切っても切り離せない。

天正三年（一五七五）九月六日、本川俣の村人が社のようなものが流れ着いていることに気付いた。その人は用心深い性格だったのかもしれない。漂着した社を再び川に戻そうとした。ところが、何度流しても社は同じ場所に戻ってきてしまう。どうしても離れようとしない。不思議に思った村人が改めてよく見てみると、社の中に幣束《へいそく》が入っていた。そこには墨書か銘があったらしい。幣束は上野国邑楽郡瀬戸井（現群馬県邑楽郡千代田町）から流れて来たものと判明する。

これは意味があっての漂着に違いない。神さまが本川俣にいたいから岸から離れないのだろう。村人はそう解釈し、二度と川に流そうとしなかった。そして、村で幣束を祀ることにした。かくして神社が建立される。改めて幣束が祀られたのは天正四年（一五七六）三月二十日のことだった。具体的な年月日が伝わっているのは珍しい。村人にとっては歓迎されるべき神さまだったのかもしれない。以上が、本川俣の長良神社に伝わる漂着伝説だが、同じ内容のことが江戸後期に成立した地誌『新編武蔵風土記稿』にも記載されている。ただ、漂着物が「幣束」とは明記していない。その漂着物は邑楽郡の瀬戸井村にあったことだけを記している。

瀬戸井は本川俣から車で二十分くらいの距離にある。川を挟んでいるとはいえ、さほどの距離ではない。それに瀬戸井は長良神社が鎮座している地域でもある。あまつさえ、長良神社の本宮とされている社。瀬戸井から本川俣に流れ着くことは物理的におかしくない。言い換えれば、瀬戸井から本川俣に勧請してもおかしくはないということだ。

先に、長良神社はあまり知られていないと述べた。しかし、それは群馬県邑楽郡には当てはまらない。なぜならば、同郡に集中している神社だからだ。境内社として祀られたものなどを合わせると、その数は五十社近いという。他地域に比べてダントツだ。それほど邑楽郡の人々には親しまれている神社となっている。

ただ、長良神社は「延喜式」神明帳に記載されていない。つまり日本全国に分布しているわけではない。したがって邑楽郡特有の神社と言える。しかも、利根川を越えて埼玉県に入ると数が極端に少なくなる。まるで川を境界として、その先は何かに阻まれているかのようだ。少なくとも、行田市や加須市には存在していない。別の言い方をすれば、それらの地域に多く鎮座する鷲宮神社や久伊豆神社の信仰圏を侵してはいない。

そんな状況のもと、羽生市内の本川俣と弥勒には長良神社が鎮座している。これは「例外」

と言っても過言ではない。たった二社とはいえ、なぜ川を越えて鎮座しているのだろう。

断定はできないが、伝説が伝えるように利根川の洪水が関係していると思われる。本川俣の長良神社は、先に見たように瀬戸井の長良神社から流れ着いたのだろう。長良神社の「ナガラ」とは、一説に「流れつきたり」の「ナガレ」が転訛したものという。

ただし、「天正三年」の漂着かは定かではない。天正三年(一五七五)と言えば戦国時代後期にあたる。羽生領では、孤立無援になった羽生城が上杉謙信の判断によって自落したばかりだった。城主の木戸一族は羽生からの撤退を余儀なくされている。

天正三年当時、羽生領は忍城主成田氏に接収されてその支配下になっていた。木戸氏の時代が終わり、成田氏の時代が幕を開けた頃だ。ちょうど時代の転換期にあたる。

それに、天正三年に大水が起こったという記録は見当たらない。その前年に、羽生城救援に駆け付けた上杉謙信が雪解け水で増水した利根川に阻まれている。これは毎年見られる現象であって、「大水」による漂着とするには違和感がある。

なお、羽生城に仕えていた妻沼の嶋田氏が残した「嶋田家文書」がある。嶋田氏が羽生城に忠節を誓うべく元亀四年(一五七三)八月七日に書いたもので、小松大権現などの神仏が列記されている。その中に「長良大明神」の名が見えるのだ。これが本川俣の長良神社を指すものとすれば、羽生城が自落を余儀なくされる天正二年(一五七四)以前にはすでに鎮座していたことになる。したがって、創建の時期は伝説よりも遡ることになろう。しかも、文書に列記されるほどの存在感を持っていた。憶測の域を出ないが、羽生城と何らかの関わりがあったのかもしれない。

一方、羽生市弥勒に鎮座する長良神社には漂着伝説は残っていない。縁起によれば、古い昔に神さまを二柱祀り、その後「藤原長良」の霊を配祀して「長良神社」にしたという。

弥勒は利根川からやや離れている。大水と無関係ではないが、本川俣ほどの漂着率ではなかったと思われる。

では、なぜ弥勒に長良神社が勧請されたのだろう？　川向うから強引に乗り込んできたのだろうか？

これは移住者による勧請だったと仮定したい。江戸時代、新田開発が盛んに行われていた。新たな土地を求めて、瀬戸井もしくは邑楽郡、あるいは本川俣から弥勒にやってきた者がいた。その者は田畑を耕し、弥勒に移り住む。そして五穀豊穣と息災を祈願して長良神社を祀る。

そもそも瀬戸井の長良神社は水に関係の深い神さまだ。治水の神、堤の守護神、田畑を潤す灌漑の神さまとして信仰されている。瀬戸井からの移住者が弥勒に勧請したとすれば、おそらく灌漑の神としての性格が強かったのだろう。

弥勒長良神社は、現在弥勒の鎮守として祀られているが、最初からそうだったわけではない。実は、本川俣と弥勒の両神社とも先行する神さまがいた。本来、本川俣は秋葉神社、弥勒は鷲神社が村の守り神だった。両社からすれば、長良さまは「新参者」も同然。先輩を飛び越えて鎮守さまになるわけにはいかない。

ところが、時代を経るごとに長良神社は地域の願いやニーズに応える存在になっていったらしい。水神の要素を持つ長良神社は、人々の生活や祈りに密着していた。大水から村を守り、田畑を潤し、子から子へ命をつないでいく。五穀豊穣であることと、子孫が繁栄すること。時代は変化しても人々の願いはさほど変わらない。

村の鎮守となるきっかけはそれぞれ異なる。本川俣では、長良神社の社殿を建て替えたことをきっかけに鎮守になったという。弥勒では、同村の円照寺の住職による取り計らいで明治期に村社となった。かくして、両神社は地域の鎮守として新たなスタートを切ったのだった。

ところで、そもそも長良神社はいつから存在しているのだろう。表記は違うが、同音の「長柄神社」がある。長良神社と同一に考えたくなるがそれほど単純ではないらしい。

先行するのは「長柄神社」だった。古代、長柄首《ながらのおびと》氏という者が邑楽郡に定住したのをきっかけに創建したと考えられる。

その後、藤原秀郷を祖とする佐貫氏が開発を進めていくことになる。このとき藤原氏一族に

本川俣（上）と弥勒（下）両地区にある長良神社

いた「藤原長良」が祭神化される。そして、守護神として円滑に開発が進んでいくことを願って「長良神社」が創建された。以後、各地に勧請されていったものと見られている。

時代が変われば、環境や時の勢力は変化する。それはどこか川と似ている。神社は常にそこにあるように見えて、実は複雑な歴史を持っているということだ。

そんな長良神社の謎めく歴史を中学生のときに知っていれば、僕らは胸をときめかせていたかもしれない。それとも無関心のままだったろうか。それはいまとなっては永遠の謎だ。もしも胸ときめかせたならば、瀬戸井の長良神社まで自転車を走らせていたのに違いない。あるいは、元あった鎮座地を探し出そうとしたはずだ。

本川俣の長良神社は、利根川の土手の改修工事によって移転している。元々の鎮座地は現在の土手の中という。僕らは「謎」を求めて探検したかもしれない。

受験生になっても、僕らは利根川で遊び続けた。受験当日の夕方も、僕らは利根川の畔にいた。河原の石が転がっても可笑しかった時代のことだ。

しかし、そんな「利根川仲間」も高校生になると自然と顔を合わせなくなった。進学した高校はみんなバラバラ。四人ともそれぞれの制服を着て、新しい環境の中へ流れていった。夏休みに入るまでたまに顔を合わせていたが、もう利根川に行くことはなくなっていた。「中学時代」の終わりを感じるのはそんなときだった。

いま思い出しても、利根川で顔を合わせていた四人の場所は居心地がいい。利根川という環境のせいもあるかもしれない。でも、ほかに理由がある。それは、「勝ち負け」の判断基準で物事を見ていなかったということだ。僕らは「友だち」として対等だった。誰も、自分が勝っているだの負けているだのという価値観で相手を見ていなかった。

受験生だった僕らは、何かと「偏差値」で測られることが多かった。成績優秀な人は勝ち。有名校へ進学する人は勝ち組。塾では成績によってクラス編成がされ、優秀な生徒には自然と期待が寄せられた。大人のみならず、偏差値で優劣をつける同級生が皆無だったわけではない。自我が強くなる思春期においては仕方のないことだ。競争が悪いとは思わない。その原理から離れることはできない。ただ、勝ち負けで測られることに僕らはいささか疲れ、うんざりもしていた。

僕らはそうした勝ち負けを持ち込まなかった。少なくとも、そうした価値観が滲み出る言葉や行動があったことは記憶にない。それぞれの個性を認め、好意的に捉えていた。だからそこにいれば、いまのままでいいと思えてくるし、無理して自分を変える必要はないのだと言ってくれている気がした。そのままの自分を受け入れてくれる場所。だから、利根川の河原に大の字になって寝そべるように、僕は彼らの前で心を開いていたのだろう。

高校生になって「利根川仲間」に会わなくなっても、僕は利根川に行き続けた。一人で河原に立ち、川を眺め、畔を歩きながら鼻歌を唄った。時々僕の横に誰かがいても、それは中学時代には知らなかった人だった。

現在も利根川は流れ、長良神社も鎮座している。ただ、それを見る僕らの目は変化しているのかもしれない。「利根川仲間」の僕らが再び顔を合わせたとき、そこには「大人」の価値観が混ざっているのだろう。あの頃僕らがうんざりしていた価値観も入り込んでいることは否めない。

いや、否めないけれど、「偏差値」で測ることなく、勝ち負けを持ち込まなかった彼らの価値観は、いまも僕の心に生き続けている。そう信じたい。もしも偏差値を重視していれば、受験や就職にあまり有利とは言えない地域史にのめり込むことはなかったはずだから。こんなふうに本を書くこともなかったはずだから。

好きこそものの上手なれという。好きな気持ちは誰にも止められない。理屈や理論ではない。興味を持つということ。それ自体がその人の持つセンスだと思う。せっかく好奇心が芽生えているのに、受験や就職試験と無関係だからと言って、その芽を摘んでしまうのはもったいないのではないだろうか。例え「学歴」が華やかでなくても、好きが高じて誰も真似できない功績を残し、人々に役立つことを成し遂げている人はたくさんいるのだから。

二十年以上もの歳月が流れ、僕は大人になった「利根川仲間」と顔を合わせていない。長良神社に流れ着いた漂着物は、何度川へ戻しても返ってきたという。そんな伝説のように、顔を合わせれば僕らはたちまち中学生に戻って、利根川まで自転車を走らせられるだろうか。買い込んだロケット花火。通り過ぎた長良神社。頭上から降ってくる雲雀の鳴き声。そこには互いが互いの個性を認め、安心できる場所がある。自分を見失っても、取り戻せる存在。

そんな大切な居場所を抱えながら僕らは前に進んでいく。例え、そこには二度と戻ることができないのだとしても。利根川で過ごしたあの頃の輝きは、打ち上げたロケット花火のように青い空へと吸い込まれていく。

子どもの病気を治す姥様は二度流れ着く？

姥堂
旧北川辺町飯積・現加須市

強面《こわおもて》の先生は社会科教師だった。「強面」というのは適切ではないかもしれない。ただ、油をたっぷり使って整えた髪は、中学生の僕にはリーゼントのように見えた。眼光鋭く眉間に皺を寄せ、痩身の先生はほかの教師にはない独特の雰囲気を身にまとっていた。

強面だからと言って恐い先生だったわけではない。優しくて、生徒から声をかけられればニコニコ笑っていた。どちらかと言えば「ひょうきん」なタイプだったかもしれない。もしも関西弁で漫才を始めたら、それは先生の「はまり役」になっていた気がする。

先生は旧北川辺町（現加須市）から学校に通っていた。北川辺と言えば米どころ。そのせいか先生はよく米作りの話をした。春になれば「これから米作りの準備をしなくっちゃなんねぇ」と言い、秋になれば「週末は稲刈りだ」と教壇から話した。休日も髪型はビシッと決まっているのだろうか。リーゼント風の先生がトラクターやコンバインに乗っている姿はうまく想像できなかった。たぶんほかの生徒も同じだったと思う。「北川辺」と聞いて、先生の顔を思い浮かべる教え子はきっといまも多いに違いない。

強面だけど優しい存在。旧北川辺町（現加須市）にはそんな「姥《うば》さま」がいる。教師ではない。米作りをする農家でもない。不思議な力を持つ能力者と言っていいだろうか。子どもが病気になったとき、姥さまに治癒を祈願すれば治ったという。また、お乳の出の悪い婦人が姥さまに祈ると、その日の内に出るようになったのだとか……。

だけどこの姥さま、見た目が恐い。あぐら姿で目を見開き、いまにも襲いかかってきそうな迫力を持っている。眼光鋭く、合わせた目を思わずそらしたくなる。姥さまを見た途端、泣き出す子どももいるのではないだろうか。

実は姥さま、元々北川辺に祀られていたわけではない。どこからともなくやってきた。そう、利根川の流れに乗って……。

降り続く雨によって利根川の土手は決壊。破れた土手から濁流が流れ込み、北川辺の家々や田畑を襲う。すると濁流に乗って妙なものが流れ着いた。お堂だった。それに気付いた村人が中を覗くと、思わず「あっ」と声を上げた。

姥がいた。あぐら姿で目を見開く姥がこちらを睨んでいた。気味が悪い。何かよくないものと目が合った気がした。見なかったことにして、お堂を川に戻した方がいい。そう思った村人は、誰に告げることもなくお堂を川に流した。めでたし、めでたし。そうなるはずだった。

ところが話は終わらない。その翌朝、村人が同じ場所へ行ってみると、同じお堂が戻っているではないか。中を覗けばこちらを睨む姥さま。後ずさりする。しかし、恐怖心よりも信仰心の方が上回っていた。

「姥さまが村に留まりたいと思っているのに違いない」

村人はそう判断した。もうお堂を川に流してはならない。ほかの村人にわけを話すと、誰もが不思議がり、その奇瑞に霊験を感じた。お堂を引き上げ、改めて姥さまを祀ることになる。どこからやってきたのかはわからない。しかし姥さまの漂着は、大水で意気消沈した村人の心を励ましたのだろう。

以来、姥さまは信仰の対象となった。特に子どもの病気を治し、婦人の悩みを聞いてくれる存在として厚い信仰が寄せられるようになったのだ。

これが北川辺の姥さまにまつわる漂着伝説だ。したがって、人々に望まれて迎え入れられたわけではなかった。どこからともなく流れてきて漂着。一度は川に戻されても再び漂着するという奇瑞を起こしている。

この姥さまは「姥神」さまだ。姥ケ池や姥ケ淵など日本各地に残る伝説が子どもと深く関係しているように、子を守る神さまとして信仰された。ゆえに姥さまに祈願すれば、子どもの病気が治り、乳が出るようになったのだろう。治る病気の中で特に咳に霊験あらたかなのは、姥神さまが境界を守る神としても捉えられていたからだ。境界を示す「関」が「咳」に転じたからだという。

伝説が史実とすれば、北川辺に漂着した姥さまは、以前はどこかの村で「姥神」さまとして祀られていたのだろう。それが利根川の大水によって流出。そのまま北川辺に辿り着いたと思われる。

興味深いのは、一度流した姥さまが再び漂着したということだ。よくある話ではある。漂着神がその地域にいたいことを強調する創作話という可能性も否めない。別の言い方をすれば、二度も神さまが漂着するほどよい土地であるというメッセージがこめられている。

ただ、『北川辺史の研究 第一巻』によると、北川辺の地形は周囲が高くなっているため、一度入り込んだ濁流は時計まわりに渦を巻いて流れたという。渦を巻く。そう、姥堂は渦巻きの流れに乗って、同じ場所に漂着した可能性がある。物理的にあり得ないことではないらしい。北川辺は利根川や合の川の土手に囲まれ、輪中となっている地域だ。姥堂が再び流れ着いたという逸話は、あながち後世の作り話とは言い切れない。

伝説の真偽はさておき、姥さまは村に祀られ、人々の心の拠りどころとなった。子どもの病と婦人の悩みを聞いてくれるのだから、姥さまを頼る人は少なくなかっただろう。医者に見放された乳幼児も、姥さまに祈願したら治ったとも伝わっている。

往古は子どもの死亡率が高かった。子どもは免疫力が弱く、魂が肉体に宿り切っていない不安定な存在とされていた。風邪をこじらせてこの世を去った子どももたくさんいた。死亡率が高い時代とはいえ、子を亡くす親の悲しみはいまと変わらない。すがる思いで姥さまに祈ったのだろう。

姥堂

一方で、村に医者がいなかったため、神仏に祈るほかなかったのではないかという指摘もある（『北川辺史の研究　第一巻』）。病に脅え、戦ってきた人々の歴史が姥さまから垣間見える。

姥堂は現在も建っている。利根川の土手の麓にポツンとある。眼前に土手がそびえ、お世辞にも目立つ場所とは言えない。ひっそりと息を潜めるように佇んでいる。

昔に比べ、治水技術も医学も進歩している。皆無ではないが、姥堂が大水で流される危険は低くなった。子どもの死亡率も下がり、風邪を引けば近くの病院で診てもらえる。かつてほど姥さまの出番は少なくなったかもしれない。いや、姥さまの存在を知らない地元住民がいてもおかしくはない。

時代は変化しても、子どもの健やかな成長を願う気持ちは変わらない。姥さまはいまも子どもたちを見守っているのだろう。見た目は恐くても心優しい姥さま。姥さまの優しさと霊験は、時代を超えても変わらないのに違いない。

ところで、僕が旧北川辺町に初めて足を運んだのは郷土史に興味を持ってからのことだ。利根川の歴史や羽生城に出会わなかったら、通り過ぎることはあっても目的地として行くことはもっと後年になっていたと思う。

強面の先生との接点はなくなっていた。先生にまつわる風の便りはまるで聞かない。担任だったわけではないし、個別に話したこともなかった。いまも教鞭を執っているのか、旧北川辺町で米を作っているのか……。中学生だった僕が「大人」になったように、先生も歳月の流れと無関係ではないだろう。

時折、旧北川辺町へ足を運ぶ。田園が広がるのどかな地域だ。夏になれば水田が広がり、秋になれば稲穂が揺れる北川辺。かつての利根川の流れである合の川跡があり、姥堂や水塚、倚井陣屋（麦倉城）といった史跡がある。僕は強面の先生から日本史を教わった。ほかの同級生は「技術」教師というイメージが強いかもしれない。僕の中の像が社会科教師なのは、日本史の授業に少なからず影響を受けたからなのだろうか。ノートにやたら文字を書かせる授業だったのを記憶している。

北川辺の田んぼで農作業をしている人がいると、つい目を向けてしまう。強面の先生かもしれない。それが期待なのか好奇心なのかはわからない。例え先生を見付けても、僕はきっと声をかけられないだろう。

長い歳月が流れても、見た目があまり変わらない人がいる。先生がそのタイプだとしたら、いまでも油をたっぷり使って髪型を決めているだろうか。いつも眉間に皺を寄せ、すれ違えば油の匂いが鼻をくすぐった先生。リーゼント風に決めてトラクターで田んぼをうなう。コンバインで稲を刈る。いま思うと、強面の先生は中学時代に僕の心に漂着した何かだったのかもしれない。

流れ着いた瞽女は琴を抱いていた？

護世社
旧大利根町琴寄・現加須市

旧大利根町（現加須市）に「琴寄《ことより》」という地名がある。「コト」はゴトーの方言で、石がゴロゴロしている意味があるという。かつての琴寄には利根川（浅間川）が流れていた。河原に石がゴロゴロ集まったため、琴寄の地名が付いたという説がある（『埼玉県地名誌』）。

その一方で、この地名の由来には漂着伝説が伝わっている。時は天正年間（一五七三〜九二）のこと。降り続いた雨によって利根川は満水状態となっていた。

そのとき上流から流れてくるものがある。浮かんでは沈み、沈んでは浮かび上がってくる。ゆらゆらと漂うそれに目を凝らすと、人の形をしていることに気付く。瞽女《ごぜ》だった。身動き一つせず、利根川の流れに身をゆだねていた。

やがて瞽女は村に漂着する。息はない。どこから流れて来たのかもわからなかった。誤って足を滑らせ転落したのか、それとも誰かの手によるものなのか……。

手掛かりは何もなかった。ただ、流れ着いた瞽女には大きな特徴があった。その胸に抱えていたのは琴だった。琴を抱えた姿で流れ着いたのだ。

善定寺池

余程強い想いがあったのだろう。濁流にもまれても、瞽女はしかと琴を抱いていた。なぜそんな姿で漂流してきたのだろう。胸に抱えた琴が憐憫《れんびん》を誘った。

瞽女とは、一般的に目が不自由な女性芸人をいう。全国の村々を歩き、鼓や三味線などで唄をうたって金品を貰い、生計を立てていた。

人々は懇ろに瞽女を供養した。その霊を祀り、「護世社」を創建する。そして、村の名前も「琴寄」に改めたという(護世社は横沼神社に合祀されている)。

伝説の域を出ないが、この内容にはもの悲しさが漂う。天正年間と言えば戦国時代の後期にあたる。瞽女の身に何が起こったのだろうと想いを馳せてしまう。

時代は下って天保十年(一八三九)、琴寄村を訪れた文化人がいた。その人の名は内山真弓。内山も流れ着いた瞽女の話を聞いたらしい。同時に心に響いたのに違いない。内山の記した『吾嬬紀行』には、同年二月十四日の条に「琴

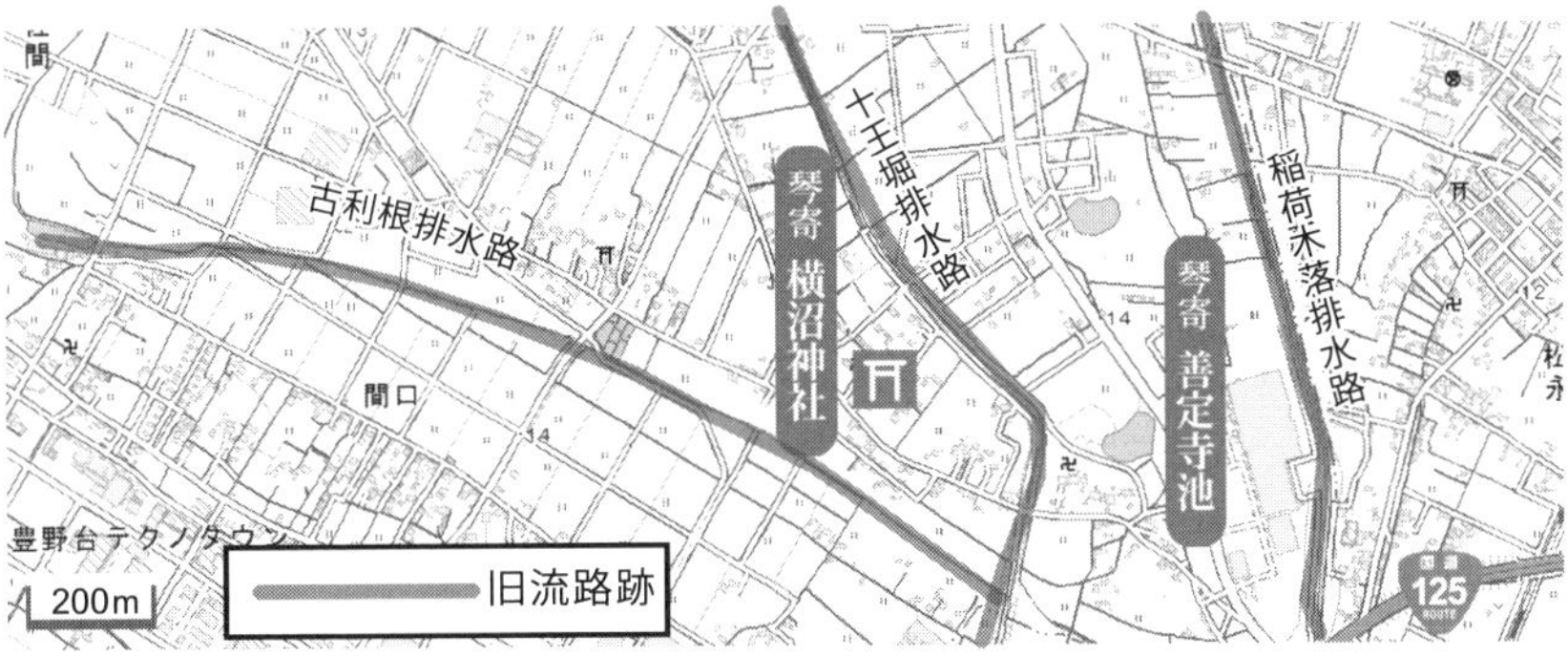

寄村のゆえよしをききて（長歌並短歌を）よめる」と記している。流れ着いた瞽女の話は、村では代々語り継がれていたことがうかがえる。

護世社は、かつて宝光院というお寺の横に祀られていた。祭りが催されていたのは陰暦の二月二十一日のことだ。にぎやかな祭りだったらしい。村人たちはどぶろくを呑み、法師が横笛を吹いたり太鼓を打ったりしていた、と内山真弓は二月二十一日の条に書き記している（『吾嬬紀行』）。

現在、琴寄へ足を運んでも大きな川は流れていない。現代の景観からでは、どこから琴を抱く瞽女が流れて来たのかと疑問に思ってしまう。それもそのはず。当時琴寄に流れていた浅間川は、江戸時代に締め切られて存在していないからだ。浅間川は利根川の一つの流れで、加須市の外野付近から南下していた。かつて道興准后がこの川を渡り、歌を詠んだことはよく知られている（『廻国雑記』）。旧堤があちこち現存し、古利根川の名残を見ることができる。『新編武蔵風土記稿』によれば、浅間川は村の西南を流れ、その川幅は十六間（約二十九メートル）から三十間（約五十五メートル）あったという。

往時は舟渡し場もあった。舟が川向うの間口村まで行き来していた。現在は田畑となっているが、そこに悠々と川が流れていたかと思うと心が騒ぐ。人々は浅間川とともに暮らしていたのだろう。川の恩恵を受ける一方で、時に大水に襲われることもあったということだ。

横沼神社（護世社）

琴寄には善定寺池《ぜんじょうじいけ》という池がある。近年開発の著しい地域だが、時代から取り残されるように池がポツンと残されている。これは、寛保二年（一七四二）の大水によって堤防が切れた跡地と伝わる。いわゆる押堀で、濁流が激しく川底を削った。そのため小さな池に見えるが深さは約四メートルある。何気ないふりして、大水の歴史をいまに伝えている。

琴寄に流れ着いた瞽女は謎に包まれていると言わざるを得ない。漂着したときすでに息を引き取っていたのだから、その名さえ知る由もない。大事に抱えていた琴は瞽女の亡骸と一緒に葬られたという。

果たしてこの話は史実か否か？　真偽は定かではないが、かつてこの地域を流れていた浅間川（利根川）の営みをいまに伝えるものだ。浅間川は消えてなくなったが、護世社にまつわる漂着伝説は、奏でる琴の音《ね》のようにいつまでも響いていくのだろう。

流れ着いた神輿は何に守られていたか？

栗橋八坂神社
旧栗橋町栗橋・現久喜市

旧栗橋町（現久喜市）の八坂神社を訪ねると目に付くものがある。それは神使《しんし》。神の使いだ。神使と言えば、一般的には狛犬が建っていることが多い。参道の両脇に設置され、一つは口を開け（阿）、もう一つは口を閉じている（吽）あの狛犬だ。ところが八坂神社は違う。狛犬ではない。では何か？鯉。社殿の前に石造の鯉が建っているのだ。

なぜ鯉なのだろう？　これは八坂神社の漂着伝説に由来している。『新編武蔵風土記稿』によると、徳川家康が江戸幕府を開いて間もない慶長年中（一五九六～一六一五）のことだった。降り続けた雨によって利根川は満水となり、やがて堤防を決壊させて村に流れ込む。大きな被害を受けたが、人々は生きる望みを失ってしまったわけではない。村を復興すべく、切れた堤

防の修復工事に挑んだ。

そのときだった。村人は川の流れに乗って何かがこちらに向かってくることに気付いた。村人たちは目を凝らす。その正体がわかったとき、誰もが目を見開かずにはいられなかった。

それは神輿《みこし》だった。乱流する川に乗って、神輿は転覆することなく近付いてきたのだ。

驚いたのはそれだけではない。神輿の周囲には何かが蠢いていた。近くまで流れ着いたとき、その正体が知れる。

それは無数の鯉と亀だった。神輿を取り巻きながら泳いでいる。まるで神輿を守っているかのように……。

村人たちは神輿を引き上げた。すると、さらに村人たちを驚かせる事実が発覚する。その神輿は、かつて彼らが住んでいた村の神輿だったことが判明したのだ。後述するが、村人にとって全く知らない神輿ではなかった。知らないどころではない。とても馴染みのある神輿だった。

これは神さまの意志によるものに違いない。わざわざ利根川に乗ってやってきて下さった。その神慮に畏敬の念を抱いた人々は神輿を祀る。そして、元住んでいた村から神社を遷座したという。

印象深いのは、神輿の周りを無数の鯉と亀が泳いでいたということだ。神輿だけの漂着ならば、これほど驚きはしなかっただろう。これは神さまの使いにほかならない。そう捉えた栗橋の人々は、鯉と亀を神使として大切に扱った。そのため、八坂神社の神使には鯉の石造物が建っているというわけだ。

ただ、鯉は貴重なたんぱく源でもある。川や沼で捕れた鯉は食糧として口に運ばれた。いくら神使とはいえ、全く手を付けないとなれば生活に支障をきたす恐れがある。ましてや、鯉料理が好きな人には酷である。

そこで、神社の祭礼がある六月（現在は七月）にだけ食べないように決めた。かつて信仰心の熱い人々はこれを忠実に守り、年寄から子どもまで鯉には一切手を付けなかったという。だから、六月に捕まった鯉は運よく逃げることができたのだろう。あるいは、七月を待っておいしく食されたのだろうか。

ところで、先述のように大水で漂着した神輿は見知ったものだった。言い換えれば、どこから流れて来たのかすぐにわかるものだった。川から引き上げたとき、その手触りや重さに懐かしさを感じた者もいたかもしれない。

では、どこから来たのか？　それは元栗橋だ。実は、栗橋の人々は町を移転している。どこから移転したかというと、現在の茨城県五霞町である。むろん、いたずらに移ったわけではない。その原因となったのは権現堂川による大水だった。

往時の権現堂川は暴れ川であり、しばしば村を襲っていた。時には壊滅的とも言える被害を出すこともあっただろう。大水が出た翌年は豊作に見舞われたが、たびたび襲われては命がいくつあっても足りない。安寧して暮らしたい。子々孫々のためにも。

そこで町の移転が持ち上がる。その移転先として白羽の矢が立ったのは現在の旧栗橋町（現埼玉県久喜市）だった。なぜその場所だったのだろう。前からつながりがあったのか、それともご神告でもあったのか……。

池田鴨之介をはじめとする者たちが新栗橋の開墾に手を付ける。移転に反対する者がいなかったわけではない。が、賛同する者も多かった。開墾が進んで移り住むと、結果的に五十戸以上もの人たちが新栗橋に移住したという。実は移転の時期は定かではない。近世初期のことと考えられている。

利根川の大水で「新栗橋」に漂着した神輿は、この「元栗橋」で祀られていたものだった。だから人々は驚き、その神慮に深く感銘を受けたのだ。移転した自分たちを追いかけるように神さまが来てくれた。自分たちを守って下さるのに違いない。そうなれば大切に祀るのが人情というものだろう。

ただし、このエピソードは伝説だ。信憑性がないわけではないが、「伝説」ということは頭の片隅に置いておきたい。「新栗橋」へ町を移転するとき、社を遷座させたということも考えられる。漂着ではなく人の手による遷座。神輿の周囲を泳いでいたという鯉や亀のエピソードも、後世に肉付けされた可能性も皆無ではない。

さて、現在の八坂神社は利根川の土手の麓に鎮座している。夏に開催される祭礼では、この八坂神社の神輿が町を渡御する。

かなり大きな神輿だ。迫力がある。この神輿が大水に乗って流れ着いたとすれば、八坂神社の神慮はかなりのものだろう（ただし、現在の神輿は近世初期までは遡れない）。

かつては、利根川の中まで神輿を乗り入れることもあったという。漂着伝説のある神輿だ。利根川との相性はいいはずだ。水の滴る神輿も見応えがあったのに違いない。

ちなみに、八坂神社のそばには栗橋関所碑が建っている。利根川の決壊跡にできたと伝わる

八坂神社夏の神輿担ぎ（写真下）

宝治戸池（押堀）もある。宝治戸池は民家に囲まれた池だ。開発が進んで肩身が狭そうではあるが、池を覗けば気持ちよさそうに泳ぐ鯉の姿が見える。春日大社の神使とされる奈良県奈良市の鹿のように、つい神聖視してしまう。

　八坂神社の漂着伝説に登場する鯉と亀は、元栗橋からやってきたのだろうか？　神輿を守るために一緒に泳いできたのか？　利根川と密接に関連する地域ならではの神使だと思う。平成の大合併によって「栗橋町」から「久喜市」になっても、彼らの威光は変わらないのだろう。八坂神社の境内に建つ石造物の鯉は、今日も参拝者を迎えている。

道目の天神さまは二度川から上がる？

道目天神社
旧大利根町道目・現加須市

旧大利根町（現加須市）の道目《どうめ》に鎮座する天神社には、ある伝説が伝わっている。漂着神ではない。川の中から神さまが出現したという伝説だ。

時は元亀元年（一五七〇）八月二十五日、道目を流れる浅間川（利根川）は満水状態にあった。大雨が降ったのだろうか。堤が決壊するほどではなかったが、川は茶色く濁り流れも早くなっていた。

そんなとき、針ヶ谷氏という者が漁に出た。漁法は投網。針ヶ谷氏はかねてより漁を好み、川へ行っては投網を打っていた。

川は満水状態ではあったが、漁ができないわけではなかった。いつものように投網を打つ。すると何かが網にかかった。それは五、六寸の古木だった。

針ヶ谷氏がそれに気を留めることはない。ただの古木にすぎない。網から古木を外すと再び川に戻した。

針ヶ谷氏はもう一度投網を打つ。するとどうだろう。不思議にも、先程と同じ古木が網にかかっているではないか。

川の流れは早く、再び網にかかるにしてはおかしい。針ヶ谷氏は初めて疑念を抱いた。そして改めてそれを見る。すると、それがただの古木ではないことに気付いた。よく見てみれば人の形をしている。さらに凝視したところ、それは天神像ということが判明する。

針ヶ谷氏は驚くと同時に畏怖した。二度も網にかかるということは、神さまの意図するところに違いない。このまま川に投げ込むわけにはいかない。

針ヶ谷氏はこの出来事を村人に話した。村人もまた針ヶ谷氏と同じ気持ちになったのだろう。二度も網にかかった天神さまを厳かに迎え入れ、これを祀ることにした。以後、水難や厄災を除ける神さまとして、村人たちの尊崇を集めたという。

以上が、道目の天神社にまつわる伝説の内容だ。これと似た話でよく知られているのは浅草の浅草寺《せんそうじ》だろう。ある兄弟が隅田川で漁をしたところ、仏像が網にかかった。よく見るとそれは聖観音だった。川には戻さず聖観音を祀る。それがきっかけとなって浅草寺が創建された。参詣者で賑わう浅草寺にはそんな伝説が伝わっている。

漂着信仰もさることながら、川の中から神や仏が現れたならば、意味があって出現したと考えるのが人の心というものだ。しかも、道目の天神さまは二度も網にかかっている。偶然にしてはおかしい。神の力が働いていると感じずにはいられない。神さまはこの村にいたいのだろう。かくして神さまを祀り、以後信仰の対象となる。

伝説の真偽は確かめようもない。史実かもしれないし、後世の創作かもしれない。ただ、本書ではこの伝説を史実と仮定して少し掘り下げてみたい。

着目したいのは浅間川(利根川)の状態だ。伝説では「満水」だったという。元亀元年(一五七〇)に、利根川が決壊するほど危険な状態に陥ったことは確認できない。注意したいのは、大水の危険性ではなく「満水」という平常時とは異なる状態だったということだ。穏やかに流れる平常時とは明らかに違う異常事態だ。

川は「境界」の象徴とされる。「此岸」と「対岸」のように、こちら側と向こう側を分ける。例えば、死者があの世へ行くときに渡るという三途の川は明らかに境界だ。向こう側(異界)へ行くためには、境界である川を渡らなければならない。境界を越えずして異界には行くことはできない。

その逆もまたしかり。異界からやってくるものは境界を越えてやってくる。境界は川とは限らず、様々なものが挙げられる。結界ともいえるそのラインを越えて、異界のものはこちら側に顔を出すのだ。

道目の天神社の場合はどうだろうか。天神さまはいわば異界の存在だ。聖域に存在し、そこからやってきたもの。あるいは川底という異界からやってきた神さまと捉えることができる。

道目の天神さまは、川という境界を通って出現した。このときの川はいつもと違う状態にあった。満水であり、水は濁り、流れは矢のように早かった。つまり、境界が揺らいでいる状態だった。異界への入り口が開き、あちら側のものがこちらに来やすい状態だったと言えよう。だからこそ天神さまは出現したのだ。

別の言い方をすれば、川が「満水」でなければ天神さまは現れなかった。普段の状態では異界の扉は開かない。したがって、異界の存在である天神さまは現れない。ましてや、二度も同じ網にかかるという奇瑞は起こらなかっただろう。川の満水という異常事態に起きた奇瑞ゆえに、天神さまは神力を高め、人々の心に刻まれた。そして尊信の対象となったのだろう。

ところで、伝説によれば天神さまが出現したのは元亀元年（一五七〇）八月二十五日だった。戦国時代後期であり、関東では上杉謙信と後北条氏、武田信玄の勢力がそれぞれせめぎ合っていた。

実は、元亀元年は時代の狭間と言っていい時期だ。いわば、新たな時代に突入する転換期。「境界」とも言える年だった。この時期を過ぎ、時代は新たな段階へと入っていく。西国では織田信長と足利義昭の対立が始まり、六月下旬には姉川の戦いが起こっている。

関東ではちょうど風向きが変わった頃だった。それまで、上杉謙信と後北条氏が激しく対立していたが、武田信玄が後北条氏との同盟関係を崩壊させる。これにより、対立構造は大きな変化を迎えた。

後北条氏は、敵となった信玄に対処しなければならない。その対応策として打ち出したのが上杉氏との同盟だった。あろうことか、これまで衝突していた上杉謙信と手を結んだのだ。簡単に図式化すれば、「上杉謙信×後北条氏・武田信玄」が「上杉謙信・後北条氏×武田信玄」に変わったというわけだ。

こうした時代の変化は、各領地を治める国衆《くにしゅう》に影響が及ぶことになる。道目の近隣にある羽生城（埼玉県羽生市）では、まず城主が変わった。広田直繁が羽生城主だったのだが、謙信の命によって館林城（群馬県館林市）を拝領することになる。新たに羽生城主に就いたのは、弟の木戸忠朝《きどただとも》だった。

この忠朝は、木戸家の歌学を継承した武家歌人と目される。が、武人としての功績が皆無だったわけではない。永禄四年（一五六一）には、粟原城《あわばら》（埼玉県久喜市）と花崎城（同県加須市）に攻め寄せている。同十一年（一五六八）には利根川の対岸に位置する倚井陣屋（同県加須市）に押し寄せ、これを攻略した。決して文人面だけが強い人物ではなかった。

羽生城に近い道目も、こうした時代の影響を受けていたことは想像に難くない。道目は羽生領の一部に組み込まれていた可能性が高い。つまり、羽生城の支配を受けていた時期があった。その時期こそ、木戸忠朝が羽生城主に就いた頃と考えられる。

広田・木戸氏が最も領地を有したのは、館林―羽生体制が確立した頃だった。広田・木戸兄弟は、周囲の城がみな後北条氏に属しても上杉謙信を裏切らなかった。謙信から、その忠信は比類がないとまで言われている（『歴代古案』）。館林―羽生体制の確立は、広田・木戸兄弟を信頼する謙信の政治的意図によるものだろう。

ここで改めて道目天神社の伝説を見てみたい。元亀元年八月二十五日に満水だった浅間川（利根川）から出現したという天神さま。上杉謙信が広田直繁に館林城拝領の文書を出したのは、元亀元年二月二十八日のことだ。八月にはすでに直繁は館林に移り、忠朝が羽生城主になっていたと思われる。

伝説で言う「満水の川」というのは、大きく揺らぐ時代を意味しているのではないか。上杉氏と後北条氏が同盟を組み、武田信玄が武蔵国に進攻を開始していたときのことだ。これまでの流れからすれば「異常事態」の何ものでもない。当然、先行きは不透明になる。これからどんな時代に突入するのか具体的にはよく見えない。

上杉氏と後北条氏の対立がなくなったとはいえ、国衆たちは曖昧な態度をとっていた。いつ何が起きてもおかしくない状況であり、人々は見通しのつかない将来に暗澹とした気持ちになっていたはずだ。

そんな状況下に天神さまは出現する。この天神さまは、新たに始まろうとする時代を象徴するものだったのではないか。先行きの見えない不安の中、人々の暮らしを新たに守る神。すなわち、この守護神こそ木戸忠朝を指しているのではないか。新たな支配者として、人々は忠朝に不安を覚えるのと同時に期待を寄せた。暮らしを脅かす外敵から守り、新たに導いてくれる者として。

天神さまは川から出現したのではない。道目の人々が新たに勧請したとしたらどうだろう。どこから勧請したか？　それは羽生城内に鎮座する天神社にほかならない。

羽生城址と比定される場所には、天神社が鎮座している。その名も「古城天満宮」。『新編武蔵風土記稿』によれば、かつてそこには「天神曲輪」があったという。羽生城と比定される絵図（「浅野文庫蔵諸国古城之図」）では、天神社は城の北東に位置していたことがわかる。鬼門である北東を守る神社。つまり城の守護神だった。

この天神社の霊を道目に分霊した。土地や家を守ってくれる新たな守護神として、道目の人々は天神社を勧請したのだ。そこには、新羽生城主木戸忠朝の政治的意図もあったかもしれない。というのも、浅間川が流れる道目には重要な渡河点があり、そこを守り監視するために、忠朝が何らかの策を講じたことも考えられるからだ。天神社の創建は、川を監視するための施設の創設を意味するものであったのかもしれない。

ところが、時代の変化はさらなる暗澹を招いた。上杉氏と後北条氏の同盟はすぐに破綻。関東の多くの国衆はこぞって後北条氏に従属した。破綻直前には、後北条氏の指導的立場だった北条氏康が死去。武田信玄もそれから間もなくしてこの世を去っている。

国衆たちの離反にあい、上杉氏は劣勢に立たされる。上杉氏に属す羽生城も窮地へ追いやられた。館林城に移った広田直繁は旧城主によって謀殺されてしまう。館林―羽生体制は瞬く間に崩壊。兄亡きあと、木戸忠朝は一人で城を守っていかなければならなくなった。

上杉謙信が羽生城救援に向かうものの、雪解け水で増水した利根川によって失敗に終わる。城に運び込もうとした兵糧弾薬も敵に強奪された。かくして北条氏政や氏繁の進攻を受け、羽生城は風前の灯《ともしび》に陥った。そして、その灯が勢いを取り戻すことはなかった。天正二年（一五七四）に羽生城は自落してしまう。城兵は上杉氏に引き取られることになり、忠朝はその直前に病死して

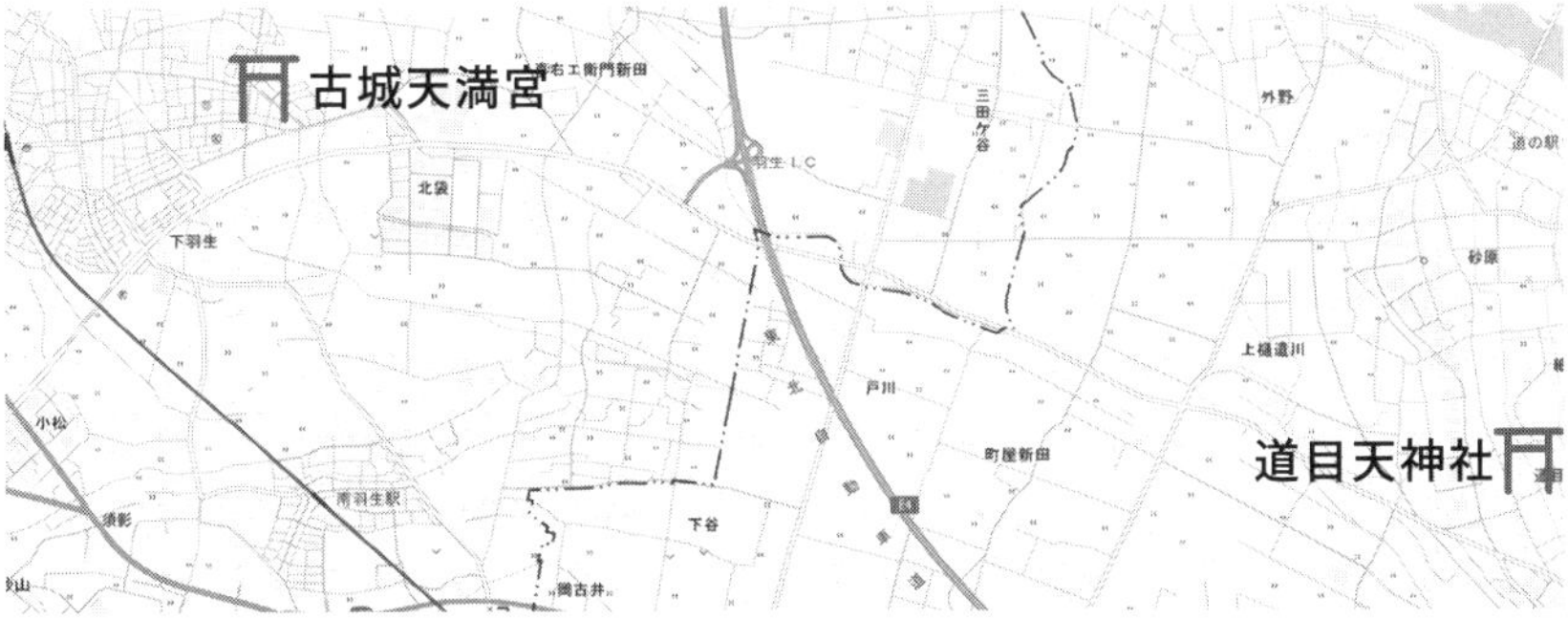

いたものと見られる。かくして広田・木戸氏の羽生城時代は幕を閉じたのだった。

その後の羽生領は、忍城主（埼玉県行田市）成田氏に接収される。天正十八年（一五八〇）までその支配を受けた。成田氏と広田・木戸氏は基本的に敵対関係にあった。羽生領接収が宿願でもあった成田氏にとって、広田・木戸氏は邪魔な存在だったのだろう。

したがって、道目の人々にとって、天神社が広田・木戸氏時代に羽生城から勧請したものというのでは都合が悪い。成田氏の耳に入れば取り壊されてしまうかもしれない。

そこでどうしたか？　伝説が生まれた。満水の利根川から拾い上げたということにする。それならば角が立たない。全てが曖昧となり、誰のせいでもなくなる。利根川の満水（時代の狭間）や投網にかかった天神さま（木戸忠朝）。それぞれが史実をぼかす。まるで、一度水からあがったものを再び川に沈めるようにして……。

いささか小説的な発想かもしれない。もし天神さまが戦国時代ではなく江戸時代に引き上げられたのだとしたら、この憶測でいう羽生城も木戸忠朝もあったものではない。

現在、浅間川（利根川）は消滅している。その流路跡はところどころに残っているが、かつて道興准后が「名にしおふ山こそあらめ浅間川、行せの水もけふりたてつつ」（『廻国雑記』）と詠んだ姿は過去のものとなっている。新川が掘削されたことにより、浅間川が締め切られたのは天保九年（一八三八）のことだ。

道目の天神社の境内には、浅間川時代の旧堤が残っている。『新編武蔵風土記稿』の道目村の項に見える「水除の堤」とはこれのことだろう。『武蔵国郡村誌』にも「古堤」の記述がある。何気なく横たわる土の高まりだが、往古の川の流れを偲ばせてくれる。天神社と併せて目にしておきたい。

ちなみに、投網にかかった天神像は、見れば目が潰れてしまうと言われているらしい（『大

加須市道目・天神社

羽生市・古城天満宮

利根町史 民俗編』)。ゆえに誰も目にしていない。浅草の浅草寺も秘仏だ。昔、無理に見た者がいたが、凶事が起こったという。

道目の天神さまもやはり霊験あらたかなのだろう。そう簡単には目にすることはできない。凶事が起こるならば触らぬ神に祟りなしだ。

伝説が言うには、針ケ谷氏は一度川から引き上げたとき、それを天神像とは気付かなかったという。そんな「古木」がどうして天神像とわかったのだろう。謎は謎を呼ぶ。秘された天神さまのように、その背景には何か秘密めいたものがあるのかもしれない。往古に想いを馳せれば、たちまち古利根川が現れて、僕らを歴史ロマンへと誘《いざな》ってくれるだろう。

人柱伝説編

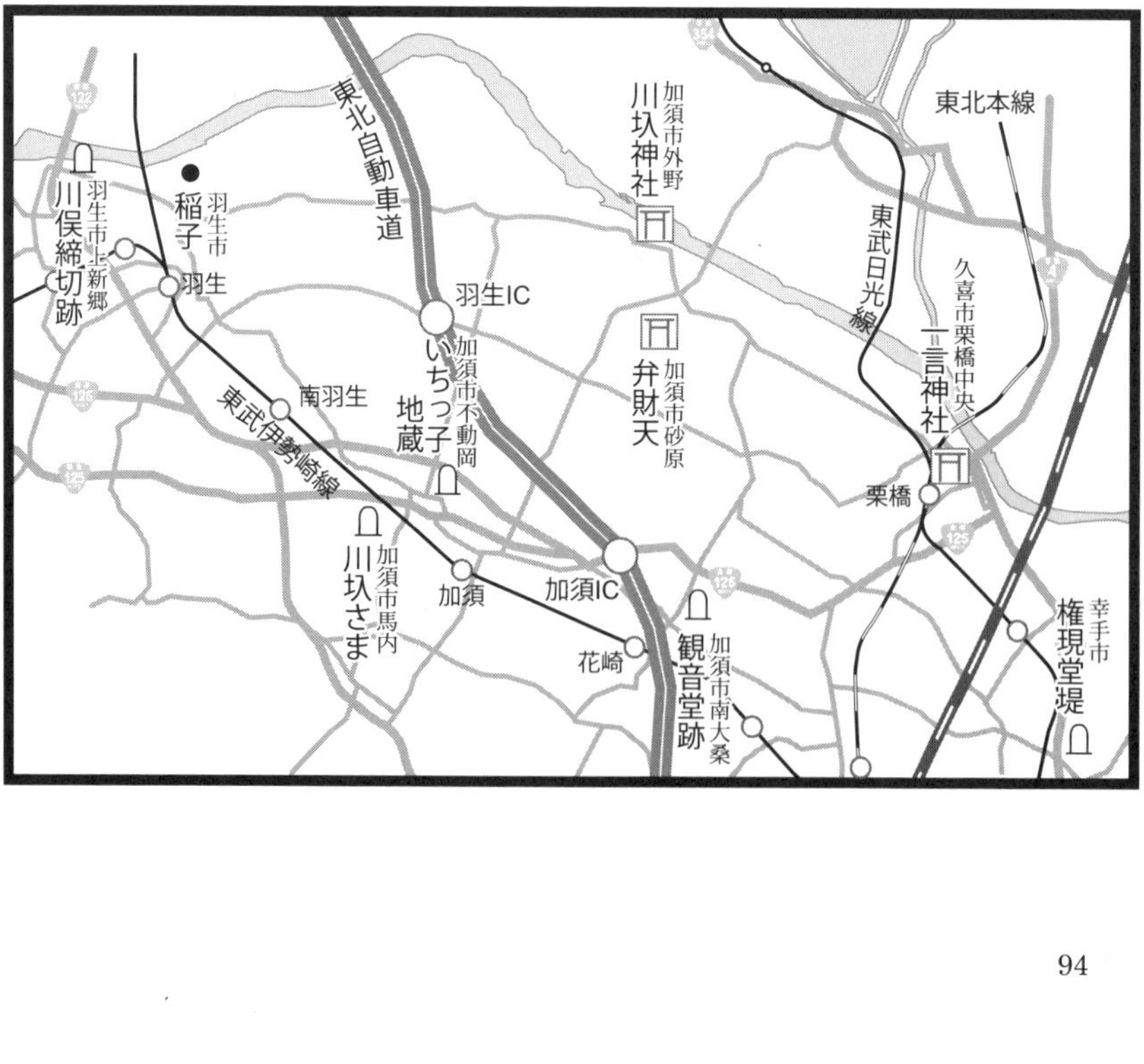
東北自動車道
加須市外野
川圦神社
東北本線
羽生市
稲子
羽生市上新郷
川俣締切跡
羽生
羽生IC
東武日光線
久喜市栗橋中央
一言神社
加須市不動岡
いちっ子地蔵
加須市砂原
弁財天
南羽生
東武伊勢崎線
栗橋
加須市馬内
川圦さま
加須
加須IC
花崎
加須市南大桑
観音堂跡
幸手市
権現堂堤

古利根川沿いに伝わる人柱伝説

ネネゴ

羽生市稲子

　川沿いには不気味な話が残っている。人柱伝説もその一つに数えられる。その内容は、大水で決壊した堤の修復工事がうまくいかず、人柱を立てて成功させようとしたものだ。例えば羽生市稲子《いなご》の人柱伝説は次のような話が伝わっている。

　その昔、降り続く雨によって利根川は増水し、ついに決壊してしまう。濁流は田畑や民家を呑み込んで暴れに暴れまくる。

　稲子村では珍しいことではない。それまでも川は暴れ、しばしば人間に牙を剥いてきた。村人たちは力を落としたものの、いつまでも悲嘆に暮れているわけにはいかない。切れた堤の修復工事に取りかかった。

　ところが工事ははかどらない。利根川の水は引かず、人を寄せ付けようとしなかった。

「龍神さまが怒っているに違いない」

　村人の誰かが言った。川には龍神さまが棲んでいる。龍神さまの怒りが鎮まらないから、川は暴れているのだ、と。

そのとき通りかかった者がいた。赤ん坊を背負った母親だった。子守歌を唄いながら村人たちの前を通り過ぎていく。

村人たちは母子の前に立ちはだかる。母親の体を掴むと、赤ん坊とともに担ぎ上げてしまう。なぜそんなことをしたのか？　龍神さまに捧げるためだ。怒りを鎮めるためには人柱を立てればよい。ゆえに、村人たちは母子を襲ったのだ。

驚く母親と火が付いたように泣き出す赤ん坊。母親は抵抗するが、複数の男たちの前では成す術もない。止める者は誰もいなかった。母子を縄で縛り、そのまま濁流へ放り込んでしまう。悲鳴とともに川に吸い込まれていく赤ん坊の泣き声。濁流は瞬く間に母子を呑み込み、そのまま二度と浮かび上がってくることはなかった。村人たちは手を合わせ、念仏を唱えた。母子の供養かあるいは龍神さまへの祈りか……。

母子が人柱になってから、切れ所の修復工事は順調に進んだ。龍神さまの怒りは解けたらしい。これも犠牲になった母子のおかげ。感謝しない者は一人もいなかった。

ところが、それからしばらくして気味の悪い話が囁かれるようになった。夜の帳が下りて暗闇に包まれると、どこからともなく子守唄が聞こえてくるという。か細く、どことなく悲しそうな女の声が利根川の方からしてくるのだとか。

声の主はわからない。心当たりのある家を訪ねても、誰もそんな時分に利根川へは行ってはいないという。実際、子守唄のする方へ足を運んでみても、どこにも人影はなかった。気のせいか、その声は川の中から聞こえてくると言う者もいた。ちょうどそこは人柱になった親子が沈んだ場所という……。

子守唄は夜ごと続いた。村人の誰かが言った。

「あれは人柱で死んだ母親が子をあやしている声ではないのか？」

確かにそれは切れ所から聞こえてくる。悲し気であり、恨めしそうな声だった。母子の霊が浮かばれずにさまよっているのではないか。村人たちはそう考えた。夜ごと聞こえてくる子守唄に罪悪感が生じたのかもしれない。

村人たちは母子の霊を慰めようと小さな塚を築いた。それを「ガキ塚」と呼んだ。そして母子を人柱に立てた場所を、いつしか「ネネゴ」と呼ぶようになった。「ネネゴ」とは赤ん坊の意味だ。赤ん坊をあやす声からそんな名が付けられたのかもしれない。村人たちは母子の冥福を祈った。そして人柱の話は現在まで脈々と語り継がれるようになった。

以上が稲子に伝わる人柱伝説だ。稲子には諏訪《すわ》神社や源昌院《げんしょういん》があり、田園風景の広がるのどかな地域だ。羽生城代の不得道可《ふとくどうか》（鷺坂軍蔵）による創建と伝えられる源昌院では、季節になると蓮の花や彼岸花で彩られ、とても心穏やかになれる。そんな稲子に人柱伝説があるなど、行っただけではわからない。実際、伝説に出てくる「ガキ塚」も見当たらない。時代の流れとともに消えたか、あるいは利根川の土手下に埋まってしまったのか。

人柱伝説が残っているのは羽生だけではない。日本全国にある。例えば、摂津国の長柄では、橋の架設工事に難渋していたとき、ある男が人柱を提言したがために男本人が川に放り込まれてしまったという伝説がある。その男の娘が「ものいはじ父は長柄の橋柱 なかずば雉も射られざらまし」と詠んだ逸話はよく知られている。

人柱伝説にはいくつかパターンがある。が、似た話が多い。利根川沿いもその例外ではない。埼玉県内でよく知られている人柱伝説としては、幸手市の巡礼母娘がその一つに数えられよう。享和二年（一八〇二）の大水によって堤が切れ、修復工事に難儀していたときにたまたま巡礼の母娘《おやこ》が通りかかる。母娘は龍神の怒りを鎮めるために川に飛び込む。そして修復工事は無事に完了したという内容だ。

こうした「巡礼の母娘」が人柱になったという伝説は多い。本書が対象とする羽生市から杉戸町では、加須市馬内の「川圦さま」や同市外野の「川圦神社」、旧大利根町砂原（現加須市）の「弁財天」が人柱伝説を伝え、飛び込んだのは巡礼の母娘としている。

細かく見れば、自ら人柱になったという内容と、強引に川へ投げ込まれたという二パターンがある。自らの意志と無理矢理とでは大きな違いだが、「巡礼の母娘」が人柱になったという点では共通している。

なぜ似た話が各地に伝わっているのだろう？　一般的な説として、宗教者による普及活動が挙げられる。修験者や歩き巫女といった宗教者は、布教のために各地を巡り歩いていた。あるとき宗教者が村にやってくる。そして村人に人柱伝説を語り聞かせる。その話が村に土着し、さも史実として語り継がれるようになったというパターンだ。伝説の土着化と言っていい。ゆえに似た伝説が各地に伝わり、「巡礼の母娘」や「修験者」がしばしば登場することになる。

ただ、人柱伝説が地域に土着するにも、その土地の風土や歴史的背景と結びつかなければならない。大水の心配のない地域で人柱の話を聞かせたところで根付きはしない。大水に悩まされた歴史を持つからこそ、村人たちに受け入れられたのだ。

換言すれば、人柱伝説が残る利根川沿いの地域は、大水との戦いを繰り広げた歴史を持つと言っていい。伝説が創作話と断言はできないが、その根幹にあるのは大水と関わり合ってきた歴史だ。

災いは忘れた頃にやってくる。災いを忘れてはならない。ゆえに語り継ぐ。人柱伝説は鎮魂の要素も含まれていたのではないだろうか。災いによる恐怖や畏怖を心に刻み、子孫へ伝える。荒ぶる龍神の魂を鎮めると同時に、大水で犠牲になった者たちの魂を慰める。伝説を語り継ぐことで死者を悼む。悲劇を忘れてはならないという戒めも含めて。

また、「水神信仰」が深く関わっていることも考えられる。利根川流域に住む人々にとって、治水と堤の守護は切実な願いだった。大雨が降っても大水が出ないように、川が満水になっても堤が切れないように、と。そんな願いを水神さまに寄せたのだろう。かつては祭礼が催され、何らかの儀式が行われていたと思われる。

ところが宗教者が村にやってくる。もしくは水神さまの儀式を執り行う祭祀者が、村人に人柱伝説を語り聞かせる。村の水神さまはかつて人柱で犠牲になった者を祀ったものだ、という内容の話だ。

インパクトは強い。この話を信じれば水神さまと人柱伝説は簡単に結びつく。真偽はともかくとして説得力がある。なるほど、だから水神さまが祀られているのかと納得する。そして本来の水神さまの性格は薄くなり、人柱伝説が独り歩きしていく。時代を経るごとに伝説だけが語り継がれていったというわけだ。

先に紹介した羽生市稲子の人柱伝説も、宗教者による伝播が考えられる。日本各地に残る伝説とはいえ、実際に人柱を立てることはほとんどなかったと言われる。

稲子の人たちが母子を川に投げ込んだというのは「伝説」の域を出ていない。言い換えればそれを裏付ける証拠がない。だから、そのような事実はなかったと考える。

明治期に成立した『武蔵国郡村誌』には、稲子村の字地として「娥媿《がき》塚」が載っている。これは幼児の墓という意味ではなく、施餓鬼等による信仰の祭祀場と捉えたい。が、そう捉えなかった者がいた。人柱で犠牲になった母子を供養したものである、と宗教者が説いたとしよう。それを聞いた村人は、一笑に付すどころか「なるほど」と頷いた。そして、その話は深く心に刻まれる。当時は塚が存在し、「ネネゴ」と呼ばれていたのかもしれない。幼児が眠る墓と捉える村人もいたのだろう。ゆえに人柱の話はすんなり村人に受け入れられた。以来、人柱伝説は脈々と語り継がれるようになったのではないだろうか。

源昌院

なお、稲子に所在する源昌院も関連が考えられる。というのも、源昌院が本尊とするのは延命地蔵だからだ。『岩波仏教辞典』によると、延命地蔵は六道をめぐって安産をはじめとする十の福徳を人々に与えてくれるという。ゆえに新しく生まれた子どもの命を守るお地蔵様として信仰された。安産と子育て。母と子。源昌院（延命地蔵）への信仰心から人柱伝説が発生した可能性も考えられるだろう。

ところで、信仰面ではなく「築堤工法」で人柱伝説を捉える視点もある（若尾五雄「人柱と築堤工法」）。「勢子石」や「袴」といった河川工事の技法名がある。その技法を用いて堤の修復工事をする。それが元になって人柱伝説が発生したという説だ。

例えば、稲子村の堤が決壊する。「勢子石」という技術で堤を修復したとする。素人が「せこいし」と聞いてもよくわからない。漢字変換も容易ではない。

そこで「背子石」と変換したとする。背中の子。赤子を背負った母親、大水、人柱……。ある者が、連想ゲームのように「せこいし」から人柱を結び付けたとしよう。そして子を背負った母親が、堤の修復工事で人柱になったという話ができあがる。それが史実のように語り継がれる。かくして伝説として伝わるようになったというパターンだ。

築堤工法で捉える視点は興味深い。利根川沿いは度重なる大水により、独自の治水技術を持った集団がいた可能性は否めない。

『日本書紀』の仁徳天皇紀には、「茨田堤《まむたのつつみ》」の修復工事のとき、河の神への生贄として武蔵国から「強頸《こわくび》」を呼び出し、入水を余儀なくしたという記述がある。強頸は神のお告げによってわざわざ呼び出されたわけだが、これは武蔵国に住む者が高い治水技術を持ち、そのために白羽の矢が立ったと捉えることができる。

ちなみに、天平五年（七三三）六月二日に、武蔵国埼玉郡に住む新羅人「徳師」ら男女五十三人が「金姓」を賜っている（『続日本紀』）。彼らが高い治水技術を有していたとするならば、その功績によって「金姓」を賜ったのかもしれない。

技術面から発生する人柱伝説。そこには忘れられた何かが隠されている可能性が示唆されている。大水との長い歴史の中で、語り継がれず、そのまま埋もれてしまったものもきっと多いに違いない。


人柱伝説は多角的に捉えるほど色々な一面が見えてくる。伝説発生の過程がさまざまにせよ、そこに強く感じるのは「信仰」だ。利根川沿いに住む人々がいかに大水から地域を守り、それを伝えようとしたか。人柱伝説はただの悲話や不気味な話ではない。その根底には、利根川に対する鎮魂の想いが潜んでいる。

人柱が本当にあったのか、それともなかったのか。史実を探求することは大切だが、一方でその伝説がなぜ語り継がれてきたのかという視点を忘れてはならない。

伝説は、地域の人々が共有する「物語」だった。その背景にあるのは利根川への畏怖であり、「物語」は非日常的ではあるものの、心に響くものだった。人々はその物語に親しむ一方で、利根川に対する畏怖を共有していたのだろう。

その視点で伝説と向き合ったとき、地域の歴史を知るのと同時に人々の精神に触れることができる。それは時に教訓として僕らに何かを教えてくれる。現代に伝わる人柱伝説にそっと耳を傾けたとき、あなたにはどのように聞こえてくるだろうか。

利根川の土手下に潜んでいた謎とは？

川俣締切址
羽生市上新郷
それは草に埋もれるようにして建っていた。

「川俣締切阯」。

偶然見付けた土手下の石碑にはそう刻されていた。新しい碑ではない。だからと言ってかなり古いものでもない。一体なぜこんな石碑が隠れるようにして建っているのか？　川俣締切址とは何なのか？　石碑をよく見てみると、側面にはこんな銘が刻されていた。

往古の利根川はこの地点で二つに分かれていた。幹川は南に流れ（今の会いの川はその遺跡である）派川は東に流れていた。文禄三年三月（西暦一五九四年）忍城主松平忠吉は小笠原三郎左衛門に命じて幹川を締め切らせた。之が世にいう利根川東遷の第一期工事である。

最初これを読んだときすぐには呑み込めなかった。ただ、最後の一文に心惹かれた。「之が世にいう利根川東遷の第一期工事である」の一文だ。

かつてここで何かがあったらしい。しかも「第一期工事」ということは、その後何かが展開したことが察せられる。

一体どんな事件があったのか？　「利根川東遷」とは何か？　遊び場として親しんできた利根川を初めて「歴史」の視点で見た瞬間だった。ずっと変わらず流れ続けていると思っていた利根川にも歴史的事件があった。しかも、決して小さくはない事件が……。

それが郷土史との出会いだった。その数分前まで、そんな石碑があることさえ知らなかった。その日に石碑と出会うことなど想像すらしていなかったのだ。

偶然見付けたとはいえ、足を運ぶような場所ではない。やり過ごせばそれまでだった。草をかき分けて向かった好奇心は、振り返ってみれば運命的だった気がする。

後日、図書館の郷土資料コーナーへ初めて足を運んだ。地元の郷土史家が研究し、まとめた冊子・資料が多く並んでいる。一般的に出回っていない類のものだ。手書き原稿やガリ版刷りを綴ったものも少なくない。そこには謎を解くヒントが詰まっている。郷土史にまつわる謎。何気ない場所に潜む知られざる歴史や埋もれた事件……。

川俣締切址。それは、利根川の流れを千葉県銚子市の方向に変える大プロジェクトの一環だった。一般的にそう言われている。いまでこそ利根川は銚子の海に注いでいるが、かつては東京（江戸）に向かって流れていた。大水上山を源流とする利根川は、埼玉に入ると羽生で二俣に分か

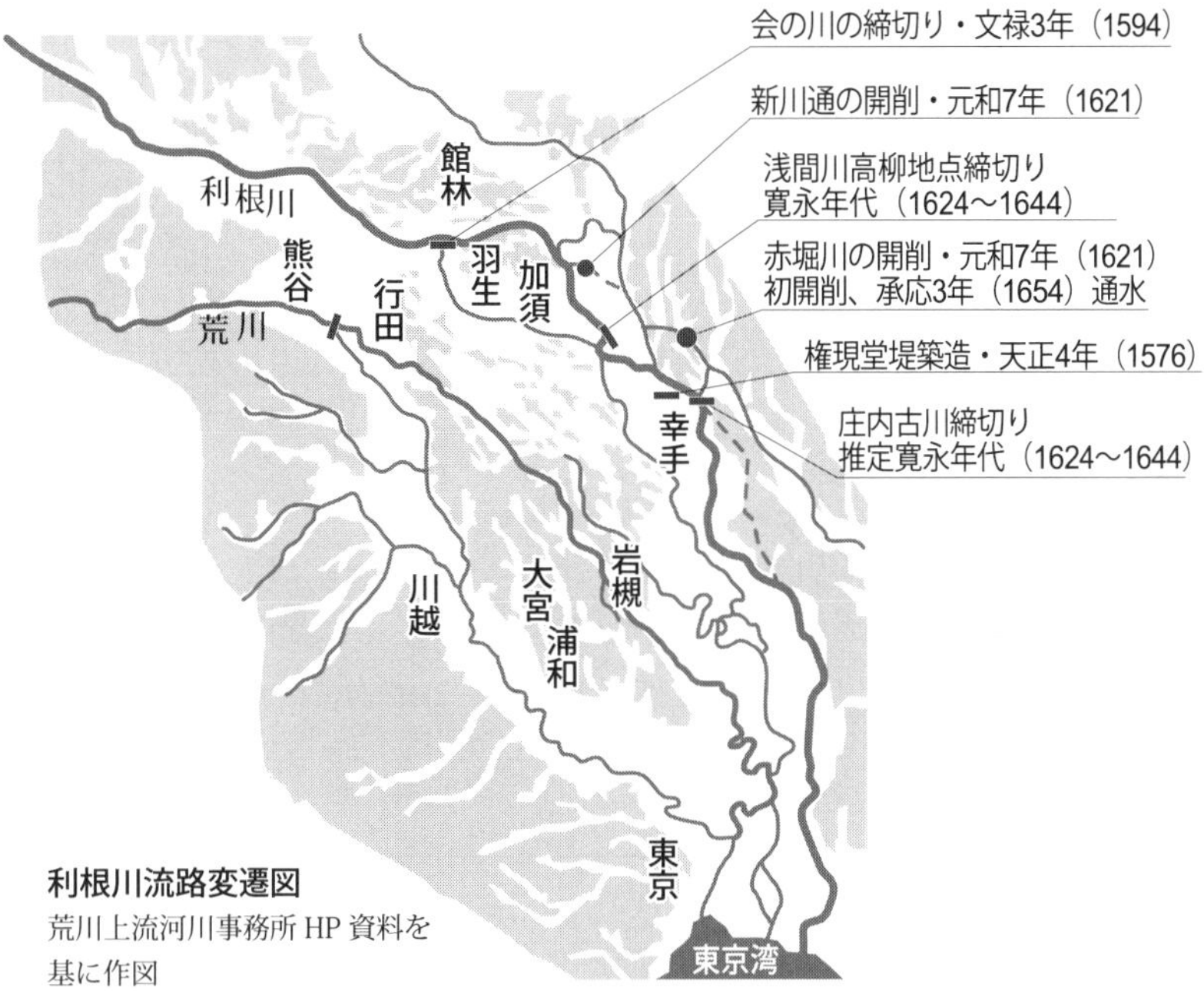

利根川流路変遷図
荒川上流河川事務所 HP 資料を基に作図

れる。その一つは南に、もう一つは東に流れていた。本流(幹川)は前者。その流れこそが、現在の羽生市と加須市を流れる「会《あい》の川」だ。川俣締切はその会の川を締め切る工事だった。文禄三年（一五九四）に現在の羽生市で行われた。石碑はその歴史を伝えるもので、銚子に流れを変える壮大な工事（利根川東遷）の「第一期工事」だったのだ。

衝撃だった。会の川はコンクリートで護岸された小さな川だ。僕は幼い頃から何度も目にしていたが、それがかつての利根川だったとは想像だにしていなかった。聞けば小学生の副読本で習ったらしいが、残念ながら覚えていない。

見慣れた景色が一変したことは言うまでもない。小さな川が大河に化けた。また、会の川沿いにはかつての本流をうかがわせる痕跡があちこち残っている。知れば知るほど興奮した。景色が変わった。新しい世界の始まりを感じた。川俣締切址碑を見付けて以来、僕は郷土史の世界にすっかり魅了されてしまった。

それをさらに後押ししたものがある。「伝説」だ。川俣締切工事には人柱伝説が残っていた。工事を成功させるため、人命を川の神（龍神）に捧げるというストーリーである。川を締切ると言っても機械のない昔のこと。工事がうまくいかず困っていたところに、一人の修験者が現れた。そしてこう言ったという。

「今年は午年《うま》だから、午年生まれの者が人柱にならなければならない」

これを聞いた者たちは顔を見合わせた。いくら昔とはいえ、率先して人柱になる者はいない。それに「午年生まれ」という条件付きだ。すると修験者は続けて言った。

「わしは午年生まれだから人柱になろう」

修験者はそう言うや否や、数珠を片手に川に飛び込む。水しぶきが上がり、瞬く間に呑み込まれる。姿が見えなくなるのに時はかからなかった。浮かび上がることなく、二度と姿を現すことはなかったという。

そんなことがあって以来、工事は不思議と順調に進んだ。会の川は締め切られ、人々は修験者に感謝した。そこでその霊を祀って締切神社を建立。現在、川俣締切址碑の隣には「〆切神社」と刻された石碑が建っている。

ひっそりと佇む石碑と、知られざる人柱伝説。伝説の真偽はともかくとして、郷土史への好奇心を刺激するのに十分だろう。

川俣締切工事は、忍城（埼玉県行田市）の筆頭家老小笠原三郎左衛門《おがさわらさぶろうざえもん》の手によるものと伝わる。命じたのは忍城主松平忠吉《まつだいらただよし》。忠吉は徳川家康の四男であり、忍城主となったのは文禄元年（一五九二）のことだった。

そもそも利根川はなぜ千葉県銚子に流れを変えたのだろう。諸説ある。江戸を洪水から守るためや、敵の北からの進攻を食い止める外堀代わりにするためなど、徳川家康による発案と考えられていた。さすがは家康さま。忠吉が会の川締切を命ぜられてもおかしくはない。

しかし、家康の構想ではないとの見解もある。いや、家康の命令としても、当初は川を東の海へ流すことは目的としていなかった。何にせよ、締切工事には忍城の者が関係している。が、伊奈忠次《いなただつぐ》の気配もちらついている。

忠次はのちに関東の河川改修などに大きな功績を残す人物だ。『家忠日記』によると、天正十八年（一五九〇）の暮れからしばしば忍城の松平家忠《まつだいらいえただ》に会っている。目的は明確ではないが、会の川締切工事の計画がこの頃すでに持ち上がっていたとすれば、忠次はその視察に訪れていたのかもしれない。

では、人柱伝説が言うように会の川締切は難工事だったのだろうか？　実は会の川が二俣に分かれていた頃の絵図がある。それによると、当時は川が分かれる箇所に大きな中洲ができていた。その中洲を利用したとすれば難工事ではなかったのではないか。そんな声もある。ならばわざわざ人柱を立てることもない。

では、なぜ人柱伝説は発生したのだろう。その謎を解く鍵として、締切工事に関わったお坊さんが挙げられる。

近くに西福寺というお寺があった。同寺のお坊さんは締切工事が成就するよう祈祷をしたという。その功あってか、工事は無事に終了。小笠原三郎左衛門はその功績を認め、お坊さんに屋敷を与えたと『新編武蔵風土記稿』は伝えている。同書にはその根拠となる文書を掲載しているが、「祈祷」ではなく、川の堤を見回った功労によって屋敷を与えられたことがわかる。

伝説の中で人柱になった「修験者」とは、この西福寺のお坊さんがモデルになったのではないだろうか。明治八年（一八七五）に上新郷の戸長が埼玉県に提出した文書にも、西福寺のお坊さんがお経を唱えながら川に飛び込んだ伝説を伝えている（「新井家文書」）。そのため流れは穏やかになり、工事は終了。そしてお坊さんを祀ったのだと……。

ただし、この文書も断言は避けている。伝聞をそのまま書き綴っている。なるほど、人柱伝説の内容としては破綻していない。説得力もある。しかし、『新編武蔵風土記稿』掲載の文書では、お坊さんが犠牲になったとは一言も書かれていない。むしろ命をなげうつどころか、「屋敷」というご褒美をもらっている。これはどういうことなのだろう。

締切神社と人柱伝説は切り離して考えるべきではないだろうか。締切工事が行われたのは事実だろう。西福寺のお坊さんが奔走し、後日「屋敷」を貰ったことも事実と考えたい。ただお坊さんは人柱にはなっていない。では、なぜ締切神社として祀られたのか？

お坊さんを祀ったのではない。祀られたのは水神だ。堤の守護神として祀られたのではないか。

本流として猛威を振るっていた会の川だ。大水が起こればいつ決壊するかわからない。それに締め切ったことで、利根川に棲む龍神の怒りを買う恐れもあった。怒れば大水が起こる。大水が出れば田畑は潰れ、民家も押し流されてしまう。

ゆえに人々は水神さまを祀った。龍神を慰めると同時に、締切った堤がいつまでも守られるように願いをこめた。これが締切神社創建の本来の趣旨だったと思われる。

後世、締切神社に人柱伝説が付け加わる。かつて人柱となったお坊さんがいた。感謝の念に堪えない。ゆえに締切神社はその霊を祀ったものとして膾炙《かいしゃ》される。

そしていつしか水神としての性格は薄らぎ、人柱伝説が強調されていく。ストーリーとして人柱伝説の方がインパクトはある。僕自身、川俣締切址にまつわる人柱伝説には人一倍愛着を持っていた。もしも最初に知ったのが水神さまだったならば、インパクトは弱かったかもしれない。

しかし伝説の裏には何かがある。隠れて見えないものが潜んでいる。推測の域を出ないものの、水神さまの視点を忘れてはならないだろう。

川俣締切址碑

会の川が締め切られて四百年以上が過ぎたいま、西福寺は存在していない。明治期に廃寺となり、本堂は跡形もなく消え去っている。

なくなったのは西福寺ばかりではない。川俣締切址碑も土手下から姿を消した。どこに行ったのかというと土手の上。スーパー堤防の工事により、新しくできた道の駅の隣に移設された。締切神社の石碑も同様だ。

だいぶ見晴らしがいい。道の駅「はにゅう」へ行けばすぐに見付けられる。例え興味がなくとも視界に入るだ

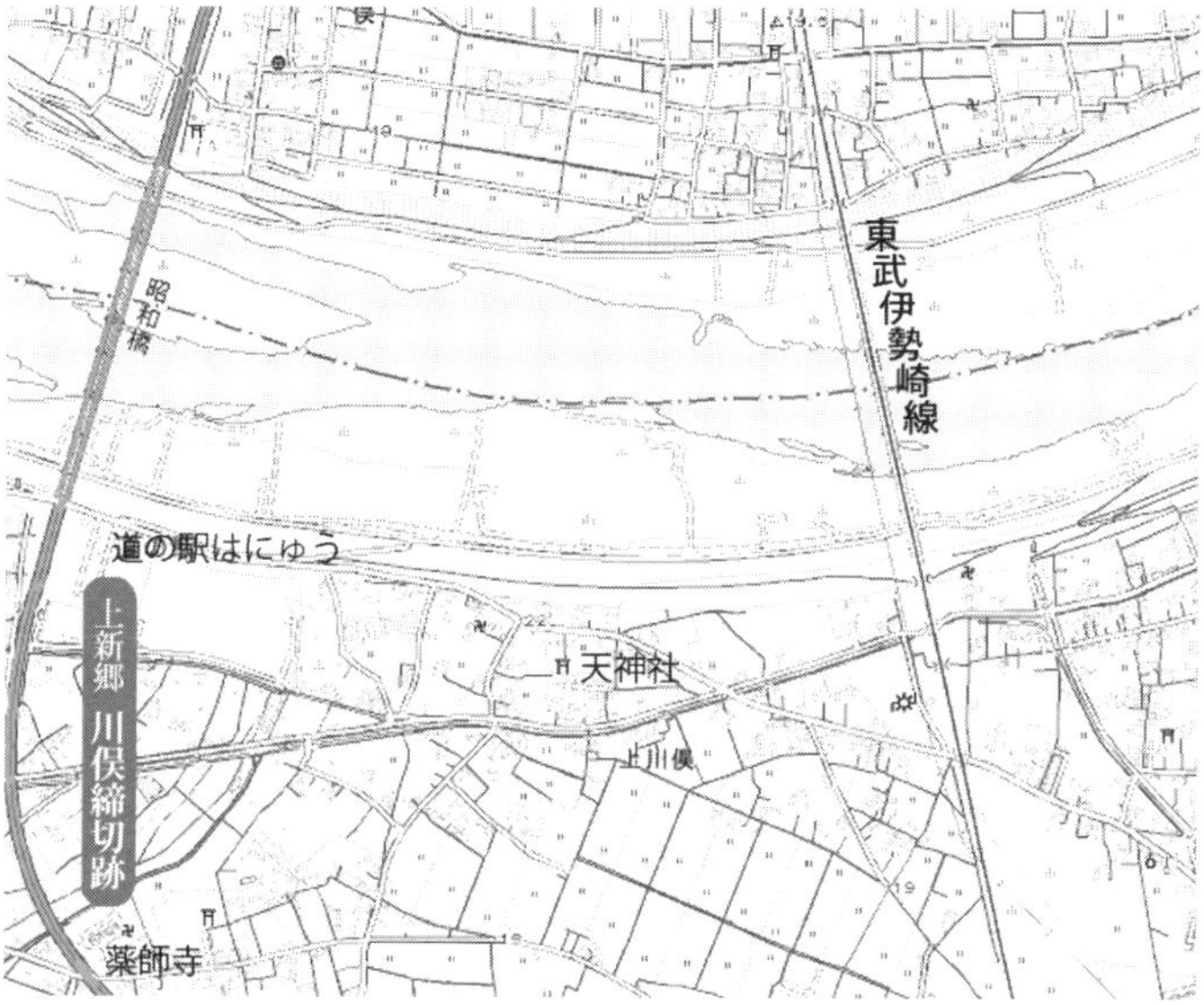

ろう。偶然でもなければ見付けられなかった頃とはまるで違う。

そのせいだろうか。石碑から漂う謎めいた雰囲気も薄らいだ気がする。土手下に佇んでいた頃は、草に覆われて孤高の雰囲気を漂わせていたのだ。しかし、歴史そのものが消えたわけではない。碑に刻された銘はいまも会の川締切工事の歴史を伝えている。あの名文調で。

土手上に移ったとはいえ、足を運ぶとワクワクすることに変わりはない。なぜならそこには何かが始まる予感が漂っているから。一大プロジェクトの一つに数えられる会の川締切と、謎めく人柱伝説。歴史と伝説が交錯する。かつて二俣に分かれていた利根川のように、出会いが新しい道を拓き、人生に転機をもたらすかもしれない。

馬内の川圦さま

加須市馬内

小さな祠が伝える悲劇とは？

郷土史に興味を持ってから、マニアックと言える史跡や社寺、城館跡を訪ねるのが好きになった。僕の住む地域が、全国的によく知られた観光地ではなかったせいもある。むろん無名というわけではないが、知る人ぞ知る史跡や歴史で溢れていた。中には地元住民でも知らないような史跡もたくさんあった。

二十代のはじめ、そんな場所へ行っては胸をときめかせていたのだから、パトロール中のお巡りさんに声をかけられるのも無理はない。ちょうど「厚底ブーツ」や「ヤマンバ」ファッションが流行していた頃のことだ。

マニアックな史跡の行き方には主に二パターンある。一つは事前に情報を知って行くパターン。もう一つは偶然出会うというものだ。前者は事前に予備知識があるから当たりをつけやすい。ところが、後者は全くの運任せ。運が良ければ出会えるし、そうでなければすれ違ったままとなる。

後者の場合、アンテナを張っておく必要がある。関心を持たなければなかなか出会えない。アンテナを張って出歩くから目に留まる。無関心だったら、そこにそれがあることさえ気付かない。本は欲しい人のところにやってくるという。それと同じように、史跡も望んでいる人を招き寄せるのかもしれない。

自転車であちこち散策しながら、出会った史跡は数知れない。苔むした石碑、ポツンと建つ文化財説明板、ひっそりと佇む路傍の石祠……。「仙人」に会うのと似ていたと思う。知る人ぞ知る存在だが、俗世から離れてどこにいるのかわからない。そんな仙人探しは、自分の居場所探しにも似ていたかもしれない。

そんな中に「神さま」がいた。人知れず祀られている神さまは多くいるものだ。参拝客で賑わう神社だけに神さまがいるわけではない。あらゆるところに祀られている。現在は地域の鎮守さまに合祀された神さまが多いが、かつてはいたるところに石祠が建っていた。

神さまには人々の想いがたくさんこめられている。いたずらに祀られたわけではない。地域住民の願いや想いを一心に受けて、そこに存在している。

加須市馬内《もうち》に鎮座する川圦《かわいり》さまも、マニアックな神さまの一つに数えられよう。それは住宅街の一角にある。小さな石碑が二基並んでおり、一つは「稲荷大明神」、もう一つは「川圦大明神」

馬内の川圦さま

と銘が刻《こく》されている。

　後者は「川圦さま」と呼ばれている。石祠の傍らに建っているのは、川圦さまの伝説を伝える説明看板。そう、この石祠には伝説が伝わっている。その伝説こそ人柱にまつわるものだ。

　どのくらい昔のことだろう。大雨による増水で会の川の水は土手いっぱいに膨れ上がった。降りしきる雨はやまず、土手はついに決壊。村人たちは土手の修復工事に取りかかる。が、激しい濁流に成す術がなかった。

「水神さまがお怒りになっているのに違いない」と、村人の誰かが言った。それに反論する者は一人もいなかった。

　そこへ母娘《おやこ》の巡礼者が通りかかる。村人からわけを聞いた母娘は、水神の怒りをなだめようと一心に念仏を唱えた。しかし濁流はおさまる気配を見せない。

「ならば私が水神さまのお怒りを鎮めてまいりましょう」

巡礼の母はそう言うと、村人の言葉を待たずに川に飛び込んでしまう。あまりにあっという間の出来事だった。一人残された娘だったが、彼女もまた川へ身を投げてしまう。

すると母娘の祈りが届いたのだろうか。川の流れはみるみる穏やかになったという。龍神の怒りは解けたらしい。かくして工事は順調に進み、土手は修復されたのだった。

村人の誰もが巡礼の母娘に感謝せずにはいられなかった。そこで川圦大明神の石祠を建立する。母娘に感謝の意を表すとともに、大水で亡くなった人たちの霊を供養したという。

以上が馬内の川圦さまに伝わる人柱伝説だ。現在の景観からすれば、馬内が大水に襲われるなどにわかに信じがたい。石祠の周囲は住宅や団地が建ち並び、すぐ近くを東武伊勢崎線の電車が通っているのだ。

が、利根川の本流だった会の川が北を流れている。現在は護岸された小さな川であり、暴れたところで大したことはないように思える。というのは現代人の感覚だろう。猛威を振るっていた時代もあった。濁流はしばしば人々の生活を脅かした。川の営みを表すものとして、馬内には河畔砂丘《かはんさきゅう》が現存している。志多見《しだみ》砂丘の一部であり、かつてこの地域に砂や火山灰を供給するだけの川が流れていたということだ。

馬内を歩けば、土地の高低差があることに気付く。なだらかな坂道があり、小高い塚がある。

「秋葉山本坊」のお堂が建つ塚も河畔砂丘に盛り土したものだろう。

馬内に祀られた「川圦大明神」をよく見ると、背面に年号が刻されている。その年号とは文政二年九月吉日。つまり一八一九年九月に建立されたことになる。

文政二年に大水が起こったのだろうか？　いや、ない。馬内近隣と限定すれば、甚大な被害を及ぼした大水は起こっていない。

では、文政二年（一八一九）以前の比較的近い年に大水があったのか？　寛政十年（一七九八）に荒川が決壊している。騎西領の一部に被害が出たが、会の川は決壊していない。

寛政三年（一七九一）にも利根川が決壊。馬内も何らかの被害があってもおかしくはない。しかし、それからおよそ三十年を経た文政二年に、川圦さまの石祠を建立するだろうか？　皆無ではないかもしれないが、三十年後に人柱になった母娘を祀っても感謝の念は薄れている気がする。

そもそも会の川は文禄三年（一五九四）に締め切られている。川そのものは消滅したわけではないが、細い流れになっていた。文政二年当時、堤を決壊させ人柱を立てるほどの勢いを会の川が持っていただろうか。

馬内の川圦さまにまつわる人柱伝説は、後世の創作話の可能性がある。歩き巫女や修験者といった宗教者などが村にやってきて、語り聞かせた話が土着したのだろう。土着するだけの歴史的背景が馬内にはある。そこへ霊験あらたかな宗教者が現れて、かつて人柱になった巡礼の母娘がいると聞けばそれを信じる村人たちは多かったのに違いない。

では、なぜ馬内の人たちは「川圦大明神」という神さまを祀ったのだろうか。『日本国語大辞典』を繙くと、「川圦」は「六月の初め。主に一日におこなわれる水神をまつる祭。場所によっては十二月一日に行われることもある」と記されている。そう、水神。ここに着目したい。

水神を祭る行事は、主に六月と十二月に行われていた。十二月一日に行われるものは「川浸り」と呼ばれている。大まかに言えば、餅をついて特別なことをする行事だ。内容は各地によって異なる。埼玉県内ではこの日に餅をついて食べれば水難除けになるという地域や、死んだ者を供養するために餅を川に流すという場所もある。

餅に限らない地域もあるが、水神にお供え・奉納するものとして捉えられている。そして、その餅を食して霊験にあやかろうとする地域もあれば、逆に忌む地域もあるということだ。

馬内で「川浸り」が行われた記録はない。しかし、水神さまの祭りが行われていた可能性は高い。それは六月に行われていたのではないか。

馬内は大水の危険と常に隣り合わせだった。しかし、会の川が締め切られてからは水不足に悩まされるようになる。馬内の鎮守諏訪《すわ》神社は水の神さまとして尊崇されていた。近くには池があり、かつては雨乞いがされていたという。同社に合祀された九頭龍社も水神としての性格を有している。

農業を営む人にとって雨は天からの授かりものだった。また、雨の有無は死活問題でもあった。ゆえに馬内の人々は水神に対する信仰心が厚かった。馬内では灌漑の水を祈願していたのだろう。

人々は水神さまに祈りを捧げ、祭りを行っていた。あるとき宗教者がやってくる。村人たちに話して聞かせたのは、巡礼の母娘が犠牲になったという人柱伝説だった。

人々はその伝説を受け入れ、水神さまを祭る行事に母娘の供養を取り入れた。そして時の流れとともに、水神さまと巡礼の母娘は合わさっていく。すなわち、水神さま＝巡礼の母娘となる。次第に水神さまとしての性格は弱まり、人柱伝説が強調されるようになったのではないか。

何気なく建っている石祠だが、そこに想いを馳せ、想像を膨らませるのは楽しい。時には地域の思わぬ歴史と出会うこともある。断定と思い込みは禁物だが、それを道しるべに資料の海をさまよえば、新たな視点が生まれてくるだろう。


さて、住宅街の一角に鎮座する川圦さまへ車で行こうとしても道が細い。辿り着いても駐車場はない。見付けるのにいささか苦労する。僕は自転車で偶然見付けたが、ひっそりと佇む石祠に何かが始まる予感を覚えたものだ（その頃、説明看板は建っていなかった）。

初めて参拝した日は夜だった。自転車を止めて手を合わせる。暗闇に紛れる僕はいささか怪しかったかもしれない。川圦さまが僕を呼んでくれたのだろうか。僕がマニアックな史跡や神仏を求めていたから周波数が合ったのだろう。

何かを得るには、強く望まなければなかなか叶わない。出会いもまた同じかもしれない。想いが強ければ強いほど、望むものを手に入れやすくなるし、会いたい人にも出会える。消極的で引っ込み思案な性格でも、強い想いがあればチャンスは巡ってくる。「どうでもいい」という気持ちでは、例え前を通り過ぎたとしても、川圦さまに気付くことはできなかっただろう。

隠れ家のような場所で、人柱伝説と大水を伝えている川圦さま。奥ゆかしささえ感じられる。つい秘密にしたくなるが、こっそりと誰かに話したくなってしまう。そんな魅力が川圦さまにはある。

川圦さまがかつての水神とすれば、心の重たい荷物も洗い

流してくれるだろうか。立ちふさがる日常の壁を崩し、不透明な明日に希望を見せてくれるかもしれない。静かに手を合わせ、川圦さまに向き合いたい。

地蔵様が伝える人柱伝説とは？

いちっ子地蔵

加須市不動岡

友人は埼玉県立不動岡高等学校（加須市）に通っていた。彼は保育園から中学まで学校が同じだった。高校は別々になったものの、変わらず顔を合わせていたし、むしろ同じ学校の同級生よりも多く遊んでいたかもしれない。

土曜日の放課後、僕は制服姿のまま釣り竿を持って不動岡まで自転車を走らせた。当時は週休二日制にもなっていない頃で、半日授業で終わる土曜日は午後が自由だった。

学食で昼食を済ませてからは釣りとなる。持ってきた竿を携えて、高校近くの池で釣り糸を垂らした。小さな池で、隣には不動岡図書館（廃館）が建っていた。水面に広がる水草の間を小魚が飛び跳ね、どこで鳴いているのかわからないウシガエルの声が気怠く響く。穏やかに晴れた土曜日の昼下がり、恋の痛みや将来の不安もみんな池の中に沈められる気がした。

釣り糸を垂らしても、魚が釣れるかなどどうでもよかった。じゃあなぜ釣りをしたのかと問われても困る。そこに池があったからだろう。彼と話をしながら釣り糸を垂らし、僕らの笑い声は水面を滑って遠くまで響いていたかもしれない。

時間だけがただ漠然とあるような気がした高校生の頃。数年後の卒業を知ってはいても、「高校生」の時間はいつまでも続くように思えた。その頃の僕は特にやりたいこともなく、これといった「将来の夢」もなかった。だから、フワフワとした時間の流れと、一つに定まることのない曖昧な感覚をいまでもよく覚えている。

一方、幼なじみの彼には将来の夢があったかどうかはわからない。僕らはあまりその手の話をしなかった。彼は読書家で部屋には多くの本があったが、文学よりも「ビジネス」や「経営」に強い関心を持っていたと思う。きっと彼の目には僕には見えない世界が映っていたのだろう。

時間が漠然とあるように思えても、いつかは終わりを迎える。ずっと高校生のままではいられない。そうした感覚を持ってはいた。池の水のように、いつまでも留まることはできない。海に向かって流れ出さなければならない。それはなんとなくわかっている。問題なのは、それがどのタイミングでどんなきっかけで動き始めるかだ。漠然と流されていくか、それとも確固とした自分の意志で切り拓いていくか……。

釣りをしながら、図書館へ入っていく高校生の姿を見かけた。僕らが池にいる頃、受験勉強に勤しむ同級生はいたはずだ。あるいは部活に熱中する同級生もいただろう。土曜日の放課後、釣り糸を垂らしていた同級生はどのくらいいただろうか。

ときたま吹く風が浮きを横に流した。あてもなく漂っていく。池を覗けば、水面に映る自分の姿がぼんやりと揺らめいていた。

不動岡高校の裏には、まるで時が止まったかのように佇むお地蔵さまがいる。夏が来て、そばの水路に勢いよく水が流れ始めても、お地蔵さまは微動たりともしない。

そのお地蔵さまは「いちっ子地蔵」と呼ばれている。一つの石に二体のお地蔵さまが施された「双体地蔵」で、道の片隅にポツンとある。

いちっ子地蔵

何気なく佇むお地蔵さまだが、実は伝説が伝わっている。それは人柱伝説。ここにも悲話が隠されている。

その昔、豪雨によって会の川（利根川）の堤が決壊したときだった。村人たちは急いで堤の修復作業に取りかかり、少しでも被害を最小限に食い止めようとした。が、水勢激しく思うようにいかない。堤を築いては何度も崩され、水嵩は増えるばかりだった。

そんなある日のこと、追い打ちをかけるように雷雨に見舞われた。もはや手の打ちようがない。

村人たちは暗い表情で堤の切れ所を眺めた。

するとそのときだった。突然雨足が弱くなったかと思うと、どこからともなく「お告げ」が聞こえてきたという。

「〝いち〟を川に投ずれば、たちまち流れは鎮まるだろう」

はっと息を呑み、村人が向けた視線の先。そこに「いち」は立っていた。

彼女は瞽女《ごぜ》だった。いち自身にも「お告げ」は聞こえていた。そして彼女は村人たちにこう言った。

「私が村の難儀を救えるならば、喜んで人身御供になりましょう」

いちは川に身を投げる。濁流はたちまち彼女を呑み込んだ。すると荒れ狂っていた川は嘘のように静けさを取り戻していく。水嵩はみるみる減り、堤の修復工事は容易となった。

村人たちは人身御供となったいちに感謝した。そして彼女を供養するため地蔵尊を建立する。そのお地蔵さまはいつしか「いち」と呼ばれるようになった。いまでは「いちっ子地蔵」として大切に守られ、人柱伝説を現在に伝えている。

この伝説が他地域と異なるのは、「瞽女」が人柱になったということだ。「巡礼の母子」でも「修験者」でもない。人柱になる経緯は似ているが、「いち」という名が伝わっており、しかも彼女が瞽女だったところにこの伝説の特色がある。

瞽女とは何か？　はやり唄や語り物を歌って渡世した盲目の女性たちのことをいう。各地の村々を遍歴し、夜になると泊まり宿に人を集めて公演したという。娯楽の少なかった昔のことだ。瞽女が歌うはやり唄や語り物は、人々のこの上ない楽しみだっただろう。

村では瞽女の来訪を歓迎したという。縁起がいいものとして邪見には扱わなかった。瞽女は歩き巫女のような性格を備えていたらしく、産育や治病、生業など村人たちの悩みを聞き入れ、求めに応じて拝みやお祓いなどを行っていた。娯楽提供の一方でそんな一面があったのだ。だからこそ村人は瞽女を歓迎したのだろう。

「いち」が村々を遍歴する瞽女だったのかは定かではない。いかんせん名前しか伝わっていない。詳細は不明だ。ただ、「いち」は信仰的な一面を備えた女性だったのかもしれない。どこからやってきたのか、あるいは村の定住者だったのかは不詳だが、村人の悩みを聞き、時にはまじないのようなものをやっていたのだろう。

実は、「いちっ子地蔵」をよく見てみると、その正面には「先祖代々」の銘が見える。そして何人もの戒名が刻されている。寛政八年（一七九六）の年号も確認できる。管見によるが、寛政八年に大水は起こっていない。その近くの年にも大水は確認されない。これはどういうことだろうか？

かつて不動岡村には瞽女がいた。彼女は巫女のような性格を兼ね備えた女性だった。ゆえに彼女は「いち」と呼ばれた。あるいはそう認識された。なぜなら、「いち」は巫女を意味する言葉だからだ。

あるとき「いち」に相談する者がいた。家で不幸が続いたとか、何かよくないことが起こったとか、そのような相談事だったのかもしれない。

これに対し「いち」は先祖を供養した方がよいと告げる。先祖を懇ろに供養し、その霊を慰めなければならない、と。あるいは、かつて人柱になった先祖がいると告げたのかもしれない。そこで相談者は双体地蔵を建立することになる。先祖の戒名を刻み、「先祖代々」とした。そして懇ろに供養し、無病息災や家内安全などを願ったのだろう。

やがて「いち」はいなくなる。村を去ったか、この世に別れを告げたか……。歳月が流れるとともに伝言ゲームのように伝承は変化していく。「瞽女」や「いち」、「人柱」といったキーワードが根強く語り継がれた。ほかの情報はあやふやになる。さらに歳月が流れ、いつしか「いち」自身が人柱になったという話に変わった。それが「いちっ子地蔵」として、現在に語り継がれる内容に定着したのではないだろうか。

ほかにもパターンは考えられる。元々、先祖供養のためにお地蔵さまは建っていた。あるとき瞽女（巫女）が村にやってきて人柱の話を聞かせる。そして、それが地蔵さまと結び付いて定着。人柱で犠牲になった者を供養したお地蔵さまに変化する。

さらに歳月とともに伝承は曖昧になる。ストーリーが変わる。「いち」という瞽女が人柱となって村を救ったので、お地蔵さまを建立したというストーリーだ。わかりやすいし印象深い。それに伝承を受け入れるだけの風土的要素もある。

不動岡にはかつて利根川の本流だった会の川が流れている。またお地蔵さまのすぐそばには南方用水路（江戸期の開削）がある。人柱伝説が発生あるいは定着してもおかしくはない。伝説の真偽は不明ではあるものの、巫女的存在の女性が人柱伝説の形成に何らかの形で関わっていたことは間違いないだろう。

前述のように、「いちっ子地蔵」は不動岡高校の裏手にある。しかし、僕が高校生の頃は、そのお地蔵様にかすりもしなかった。というのは、その存在を知らなければ、そこに人柱伝説があることなど想像もしなかったのだ。

実は、いちっ子地蔵の建つ場所はとても見付けにくい。僕は二十代の頃にいちっ子地蔵を求めて自転車で探し回ったが、自力ではとうとう見付けられなかった。近所の住民に話を聞き、ようやくいちっ子地蔵に出会えたのだ。

お地蔵さまにつながる道は細く、車一台通るのがやっとだ。そんな場所に建つお地蔵さまだから、住民に迷惑にならないように訪ねたい。瞽女のように必ずしも歓迎されるとは限らないのだから。

いちっこ地蔵は人柱とともに大水の被害も伝えている。大水という非日常的なことが起こったとき、神の「お告げ」があったという。普段の何でもない日ならば、「お告げ」は聞こえてこなかったのに違いない。

高校近くの池で釣り糸を垂らした頃から長い歳月が流れたいま、僕らにとっての「転機」は何だっただろうかと思う。池のたまり水が決壊し、流れ始めたタイミングとそのきっかけ。果たしてそれは自然の流れだったのか、それとも自分の意志によるものだったか。むろん、「お告げ」は聞こえてこなかったが、決して短くはない歳月の中で、濁流に自ら飛び込むような覚悟や場面はあった気がする。

幼なじみの彼とはいまでも連絡を取り合っている。さすがに十代のような頻度で遊ぶことはなくなったが、時折会っては居酒屋のカウンターに並んで一献傾ける。販売関係の仕事をしている幼なじみは、十七歳のときとは大きく変わったようでもあり、何も変わっていない気もする。

古い友人に会うと、いま僕らはどこにいるのだろうと思う。流され続けているのか、それともとっくに海に着き、別の場所へ行こうとしているのか。その答えはいつになっても出せないが、一つのたまり水にいないことは確かだろう。例えその場に踏みとどまっているとしても、自分の意志とは別に時代が背中を押してくる。

ところで、人柱になった瞽女「いち」はどんな唄を歌っていたのだろう。その歌声は美しく、人々の心を魅了していたのだろうか。いまとなっては確かめようもない。しかし、いちっ子地蔵にまつわる伝説は、まるで懐かしい詩のように僕らの心に響いてくる。そして、その歌声は時代を超え、いまでも優しく不動岡に響いているのではないだろうか。

加須市南大桑に伝わる人柱伝説とは？

観音堂跡

加須市南大桑

かつて加須市南大桑には観音堂というお堂があった。そこには運慶が作ったと伝わる観音像が安置されていた。が、明治維新後に紛失してしまったという。観音堂もすでに現存していない。「東岡集会所」の南側に石碑類が並んでいるが、その辺りに観音堂が建っていたという。

そのお堂跡から少し北に行ったところを流れているのが葛西用水路だ。それは会の川（利根川）筋でもある。現在の会の川は加須市北大桑付近で葛西用水路と顔を合わせている。厳密に言えば「合流」ではない。水路の中が仕切られており、一つの堀の中に葛西用水と会の川の両方の水が分かれて流れているのだ。それが南大桑を通っている。

南大桑には人柱伝説が伝わっている。時は江戸時代。利根川の洪水により観音堂の堤が決壊した。村人たちはただちに堤の修復工事に取りかかる。しかし、水の流れは激しく、どうしても堰き止められない。

そこに現れたのは巡礼者だった。その者は言う。

「人柱を立てねば流れは堰き止められぬ」

巡礼者はそれだけ言うとその場から立ち去った。村人たちは顔を見合わせる。人柱を立てて龍神の怒りを鎮める。聞いたことのある話だ。が、誰が人柱に立てばよいのか？話し合っても誰も思い当たらない。自ら名乗り出る者もいなかった。ならば、最初に言い出した巡礼者自身を人柱に立てればよいのではないか？

村人たちは巡礼者のあとを追いかけた。すぐにその背中に追いつく。そして強引に捕まえると、縄で動きを封じた。そのまま切れ所へ放り込んだという。

龍神の怒りが解けたのだろうか。水の流れは急に静かになる。ゆえに堤の修復工事は無事に終了。村人たちは巡礼者の霊を慰めるべく供養塔を建立したということだ。

この伝説では、人柱になった者が「巡礼者」というだけで男なのか女なのかもわからない。また「江戸時代」のいつ頃の話なのかもはっきりしない。言い出した者が人柱になるという点では、摂津の長柄橋にまつわる人柱伝説と似ている。口は災いのもと。下手な発言で自分に火の粉が降りかかるのはいまも昔も変わらない。

観音堂跡の東隣には小さな池がある。これは昭和二十二年（一九四七）のカスリーン台風で土手が決壊してできた池という。いわゆる押堀だ。

その傍らには「水害復旧竣工記念碑」と刻された碑が建っている。カスリーン台風による水害を伝えるものでもある。人柱伝説と直接的な関係はないが、石碑が建っている場所も堤の一部なのだろう。人柱伝説が史実とすれば、この堤沿いのどこかで巡礼者が川に投げ込まれたことになる。

南大桑には利根川の旧堤がいくつか残っている。最も見付けやすいのは雷電神社の鎮座地だ。雷電神社は小高い丘の上に建っている。この丘こそ利根川の旧堤だ。自然堤防を利用して人力で堤を築き上げたのだろう。

その神社からさらに西へ行くと、道の脇にこんもりとした丘がある。これも旧堤。いわば道が堤を分断している形となっている。

そのまま西へ向かえば、「瘤様《こぶさま》」という古木の立つ場所に出る。明らかに高い。しかも、樹木が生い茂っているから、往古の堤の雰囲気を偲ばせる。

「瘤様」の周辺には工業団地が広がっている。旧堤は近代化の波に埋もれるように存在している。そんなコントラストが心をくすぐるし、いつしか消滅してしまうのではないかという危機感もつのる。

瘤様には不思議な伝承がある。その昔、特殊な力を持ったお坊さんがいた。雨降りの予言をしたり鳥の言葉がわかる能力だったという。

あるとき、お坊さんは旧堤に立つ古木を見つめる。それは瘤の付いたソロの木だった。

「これは珍しい瘤の木だ。私が祈ってのちの世の人々を救おう」と、お坊さんは言った。

残存する旧堤

水害復旧竣工記念碑から
決壊跡を望む

瘤様

そして一心に祈願を捧げ、神として祀り上げる。以来このご神木に祈ればどんな病気も治ると言われた。その評判はたちまち轟き渡る。近在近郷からご神木を訪ね、手を合わせる者が増えたという。現在もこの古木は現存しており、「瘤様」「瘤神様」として親しまれている。その霊験はいまも健在だろうか。

さて、南大桑に伝わる人柱伝説は史実なのだろうか？　その真偽は確かめられないが、観音堂に関係しているものと思われる。元々そこに供養塔があったのだろう。水害で犠牲になった者たちを慰めるものか、あるいは先祖代々の霊を供養するものか……。

あるとき現れた宗教者が村人たちに人柱伝説を話して聞かせる。古くから利根川の堤のある地域だ。大水で決壊して人柱を立てたと聞いても、さほど違和感を覚えなかったのに違いない。

そして人柱伝説は供養塔と結びつく。人柱になった者を供養したものとして認識されるようになった。伝説の細部は多少変わっても、巡礼者が人柱になったという大筋は変わらない。堤が消え、工業団地の造成により利根川乱流時代の面影が消えても、人柱伝説は語り継がれてきた。したがって、村人たちが巡礼者を川に投げ込んだというのは後世の創作である可能性が高いだろう。

利根川の旧堤や決壊池は文化財に指定されているわけではない。観音像が紛失し、お堂も消えたように、いつしかそれらも時代の流れとともになくなってしまうのかもしれない。そのとき人柱伝説も忘れ去られてしまうだろうか。時代という時の流れはますます加速している。地域の歴史的遺産を後世へ伝えるか否かは僕らの手に委ねられている。

川圦神社

加須市外野

その場所は未来と歴史が交錯している？

加須市内には、人柱伝説を伝える「川圦《かわいり》神社」が二つ鎮座している。一つは馬内《もうち》、もう一つは外野《そとの》にある。

前者は石祠のみだが、後者は立派な社殿が建っている。利根川の土手の麓に鎮座し、「川圦神社」と刻された社標もある。だから、住宅街に石祠のみが建つ馬内に比べればだいぶ見付けやすい。

伝説の内容は馬内の「川圦さま」とほぼ同じだ。江戸時代の終わり頃、大雨で増水した利根川は堤を破り、村に流れ込む。堤の修復工事に取りかかるが、水勢激しく難工事となった。

そこに現れたのが巡礼の母娘《おやこ》だった。村人の話を聞いた母娘は、水神の怒りを鎮めるために念仏を唱える。しかし、水勢はおさまる気配を見せない。そこで母親は水神の怒りを鎮めようと川に飛び込む。娘もその後を追う。村人が止める間もなかった。母娘は瞬く間に濁流に呑み込まれ、再び上がってくることはなかった。

その後川は穏やかになり、堤の修復工事は終了する。そこで村人たちは母娘の霊を慰めるた

川圦神社（加須市外野）

めに川圦神社を建てたという。

社伝によれば、川圦神社は応永三十四年（一四二七）の創建とも言われている。江戸後期と応永三十四年ではだいぶ開きがある。江戸時代中期に成立した地誌『武蔵志』に「河入宮」と記されていることから、江戸後期よりも以前に鎮座していたことは間違いない。

馬内の「川圦さま」と同様、元々は水神さまを祀ったものと考えられる。現在の川圦神社に祀られている主神は、水波能賣命《みずはめのめのみこと》と河菜姫命《かわなひめのみこと》の二柱だ。このほかに合祀神二柱が祀られているのだが、水波能賣命は水の神とされる。そう、水神さまだ。

外野は利根川に面している。古くから大水と密接に関係した地域だった。大水から村を守る神として、あるいは農作業に欠くことのできない水の神さまとして川圦さまを祀った。

水神さまを祀る行事もなされたのだろう。その行事として十二月一日に行われる「川浸り」がある。外野で「川浸り」が実施された記録はないが、川向うの旧北川辺町（現加須市）の飯積では、死者の供養のために餅を川に流す川浸りが行われていた（『新編埼玉県史 別編2』）。

記録に残っていないだけで、同じ「川浸り」が外野でも行われていたのかもしれない。あるいは六月一日に祭礼を催していたことも考えられる。その理由としては、先に記したように大水除けや五穀豊穣のためだった。あるいは川で犠牲になった人々を供養するために……。

そこへ人柱伝説が伝播される。伝播したのは歩き巫女や修験者といった者たちか、あるいは水神さまの祭祀者か。

「利根川旧堰堤跡」の碑

人柱になった巡礼母娘の話が川圦神社に付随する。川と人柱の相性はいい。川圦神社はいつしか水神さまとしての性格を弱めていく。代わりに人柱になった母娘を慰める神としての性格を強くした。それが現在まで続き、人柱伝説が語り継がれているのではないだろうか。

かつての利根川は外野で南流していた。現在の「加須未来館」付近であり、そこには「利根川旧堰堤跡」の碑が建っている。土手の改修工事で景観は大幅に変わっているが、旧流路の面影をかろうじて見ることができる。

そんな地域で人柱が立ったとしてもおかしくはないように思える。人柱を立てずとも、大水の犠牲になった人はいるだろう。利根川は恵みを与えてくれる一方で、破壊をもたらす。崇拝され、畏れられてきた。そのため人々は水神さまを祀り、息災に暮らせることを願った。川圦神社は、利根川に対する人々の崇拝と畏れが垣間見えると言っても過言ではない。

加須未来館

現在、川圦神社のそばには「加須未来館」が建っている。土手上に建つプラネタリウム施設で、休日になると親子で楽しむ姿が多く見られる。

実際に足を運ぶと一目瞭然だが、ここの土手は異様に張り出ている。これはスーパー堤防だ。大水から人や家々を守る堤防としてかなりの面積を有している。そしてその麓に建つ「利根川旧堰堤跡」の碑。スーパー堤防に埋もれるように存在しているが、現在と過去が交錯している。

そんな土手の麓で川圦神社は悲しい人柱伝説を伝えてい

る。大切なのは伝説の真偽ではなく、なぜそんな言い伝えが現在まで残っているかということだろう。そこには川に生きる人々の喜びと悲しみがあったはずだ。大水と戦い、多くの犠牲があり、後世に伝えるべき歴史があった。それらを見つめることは、「未来」に目を向けることと同義だろう。加須未来館で「未来」を見つめるとともに、川圦神社で地域の歴史に想いを馳せたい。

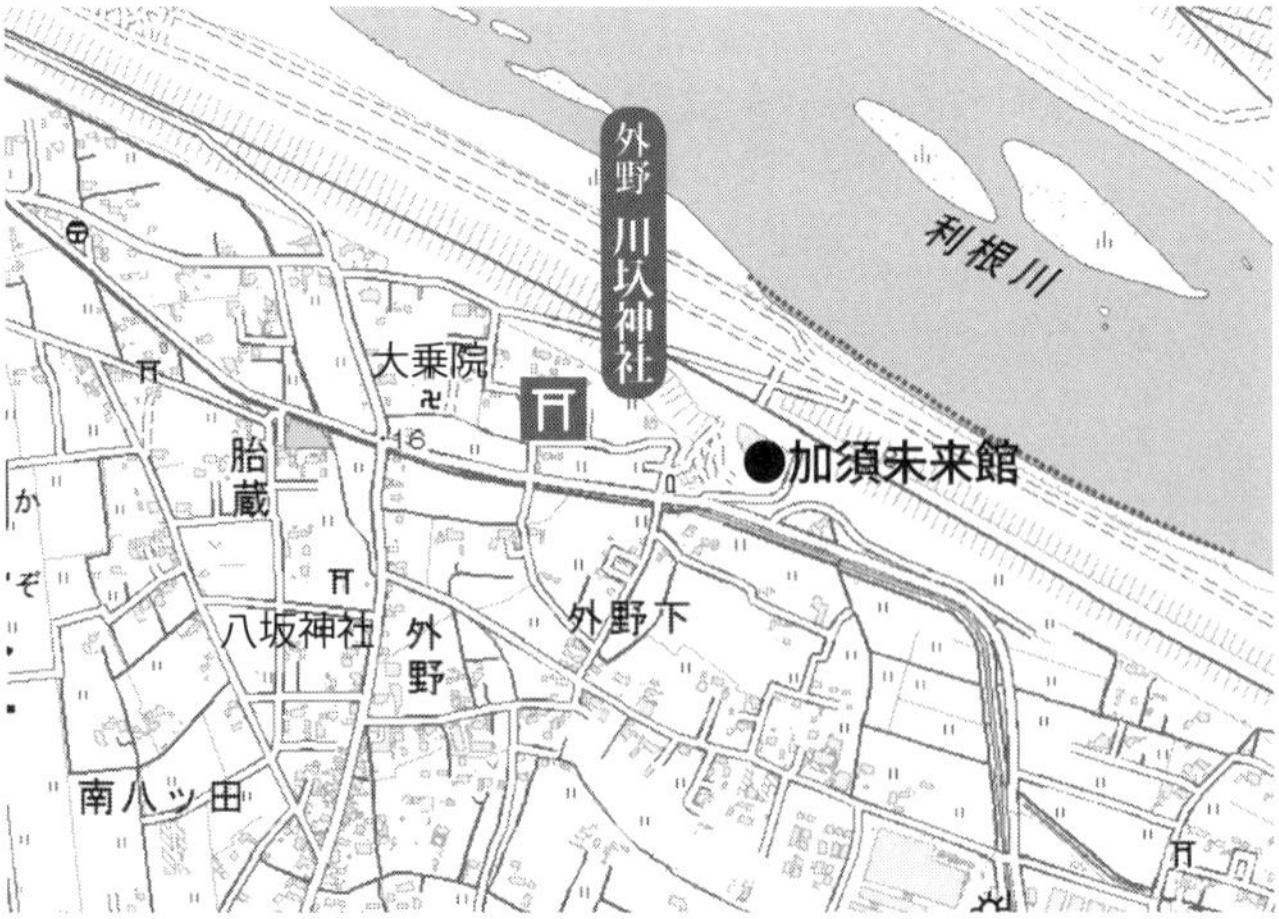

人柱伝説と安産信仰を伝える神さまは？

砂原の弁財天
旧大利根町砂原・現加須市

十五歳の夏、旧大利根町に住むクラスメイトと花火をしたことがある。すぐ近くを夜闇に包まれた利根川が流れていた。河原には僕ら以外に誰もいない。ほかのクラスメイトも一緒だったが、電車で来たのは旧大利根町に住む彼女だけだった。

高校生最初の夏。一九九〇年代半ばで、僕らは十五、六歳だった。花火の明かりが僕らを照らす。旧大利根町の彼女は線香花火ばかりに火をつけていた。ロケット花火の方が得意そうだったから、線香花火を持つ彼女は少し意外だった。

線香花火にはジンクスがある。最後まで火の玉を落とさず燃え尽きれば願い事が叶うという。彼女は願掛けをしたのだろうか。したとすればどんな願いだったのだろう。線香花火に照らされた彼女の横顔は、教室で見る表情と違っていた。いま思えば、そのとき胸をよぎった感情をもし掴まえていたら、色々なことが変わっていたかもしれない。例えば、放課後の帰り道とか翌年の夏に行くことのできなかった海や、約束した冬の花火とか……。

彼女は旧大利根町から羽生の学校まで通っていた。当時の僕は旧大利根町をよく知らず、どこにあるのかさえわからなかった。羽生から利根川を下っていけば町に行ける。そう彼女から教えられた。毎日電車に乗って学校まで通っていた彼女。なるほど、地図を見れば確かにその通りだった。利根川を使えば一直線だ。でも、電車ではいささか遠回りかもしれない。一度だけ自転車で旧大利根町まで走らせたが、近いようで案外遠かったのを覚えている。

そんな旧大利根町に人柱伝説があると知ったのは、ずっとあとになってからのことだ。高校生の頃、恋愛や映画の話はしても人柱伝説が話題の中心になることはなかった。もし一度でも伝説を聞いたならば、図書室で手に取ることのなかった郷土史の本を繙いていただろうか。

人柱伝説が伝わっているのは旧大利根町の砂原だ。埼玉大橋から南に向かってしばらく行ったところにある。かつて利根川は加須市の外野《そとの》、佐波《ざわ》付近で南流していた。その流れを浅間川《あさまがわ》と呼ぶ。旧大利根町の阿佐間《あさま》を通っていることからその名がついたという。浅間川は消滅し、現在は工業団地や田畑となっているが、往古は悠々と流れる姿を目にすることができたのだろう。

その昔、具体的に言えば延享二年（一七四五）のこと。大雨によって水嵩を増した利根川は、いまにも溢れ出しそうな気配だった。村人たちは不安な面持ちで見守り、土手が持ち堪えてくれることを天に祈った。

しかし、祈りは空しく土手は決壊してしまう。濁流は人家や田畑を襲い、人々は避難を余儀なくされた。

土手の修復工事はすぐに始められた。空俵に土を詰め、切れ所に放り込んだ。それを繰り返すことによって切れ所を塞ごうとする。ところが水勢激しくて、俵はたちまち流されてしまう。

村人たちは腕を組む。もはや成す術がない。だからと言って呆然と眺めているわけにもいかない。どうしたものかと困り果てていたとき、切れ所に現れたのは若い女だった。彼女は長い巡礼の旅を終えて帰って来たばかりの娘だった。彼女は濁流を眺め、こう言った。

「水神さまが怒っておられるのです。怒りを鎮めるためには、どなたかが人柱にならなければなりません」

娘の言葉に村人たちは顔を見合わせた。賛同する者はいない。が、反対する者もいなかった。水神とは川に棲む龍神を指す。龍神さまは人々に恵みを与えるが、破壊をももたらす。怒り狂った龍神さまには誰も手が付けられない。

娘はわかっていた。人柱など簡単に立てられるものではないことを。頭ではわかっていても、いざ実行するとなると難しいことを……。

娘は川に近付く。そして何も言わずに川へ身を躍らせてしまう。濁流に呑まれる娘。瞬く間に消え去り、村人がその名を呼んでも浮かび上がってくることはなかった。むろん、助けに行くことはできない。村人たちは深く頭を下げ、娘に感謝した。

それからというもの、土手の修復工事は順調に進んだ。切れ所は塞がり、少しずつ平穏な日々が戻っていった。

喉元過ぎれば熱さ忘るる。歳月とともに大水の記憶は風化してしまう。人柱となった娘も例外ではない。そこで村人たちは弁財天として娘の魂を祀ることにした。一宇を設け、懇ろに供養した。娘を神さまとして祀ることでその霊を慰めたという。


この弁財天はいまも存在する。砂原に鎮座する鷲宮神社の裏に、弁財天のお堂は建っている。その周囲を囲っているのは池。鷲宮神社の雰囲気とは一線を画すかもしれない。裏から入れば弁財天、正面から行けば鷲宮神社。足を運んだ際は、両方の神さまに手を合わせたい。

ちなみに、弁財天を囲む池は利根川の決壊によってできた押堀と伝わる（後年埋め立てたが復元された）。押堀が伝説をより現実的なものにしているかもしれない。大きな池ではないが、視界に入ればふと立ち止まってしまう存在感がある。

人柱伝説の多くに見られる「巡礼者」がここにも登場する。ただ、母娘ではなく「娘」のみの人身御供だ。自ら川に身を投げたとしている。

布教者もしくは祭祀者が語った話が伝説として土着したと考えられる。元々ここには弁財天

鷲宮神社

弁財天

弁財天遠景

が存在していた。娘の霊を供養するものではなく、水神として祀られていた。後世、そこに巡礼娘の人柱伝説が付け加わったのではないだろうか。

しばしば大水に襲われ、苦しんだ歴史があるからこそ村人たちは話を受け入れたのだろう。村で実際にあったかのように語り継ぎ、大水の恐ろしさを後世に残そうとした。切れ所跡の弁財天池もさることながら、近くには河畔砂丘が連なっている（原道河畔砂丘）。この地域が利根川と深い関係にあったことは地形からもうかがえる。

ところで、人柱に立った娘のお腹には赤ん坊がいたという。そのため弁財天は安産の神さまとして信仰されてきた。また、女性の下の病に効くとも言われる。ゆえに多くの女性が弁財天に参拝した。その際、卵を供える人が多い。なぜならば人柱になった娘のお腹に子どもがいたからとされる。出産による死亡率が高かった昔において、安産は切なる願いだった。弁財天は女神だ。砂原の

弁財天はいつしか女性を守る神さまとして信仰された。女性たちは無事の出産を祈って卵を供えたのだろう。

なお、弁財天にはヘビが描かれた絵馬が多く奉納されている。実を言うと、砂原の人柱伝説は二つのパターンがある。先に紹介したのは娘が自ら人柱になったというものだ。

これとは異なる伝説がある。それは、偶然通りかかった巡礼の母娘が無理矢理人柱になったというパターンだ。母娘が濁流に呑み込まれたあとだった。川の中から姿を現わしたものがある。それは白いヘビだった。ヘビは頭をもたげ、村人たちをじっと見つめたという。

この伝説からヘビの絵馬が奉納されるようになったと伝わる。これは水神信仰の名残だろう。元々ヘビは水神の化身とされる生きものだ。伝説に登場する白いヘビは水神にほかならない。

人柱伝説が生まれる前は水神信仰としての性格が強かった。大水から村を守り、農作物を豊かに実らすことのできる守護神。人々は、息災に暮らせることを願って弁財天を信仰したのだろう。

ところが、時代の流れとともに村人の信仰や神さまの性格も変化してくる。布教者がもたらしたであろう人柱伝説によって弁財天は性格を変える。すなわち安産の神さまとして信仰されるようになった。瞬時に変わったのではなく、徐々に変わっていったのだろう。

人々の解釈も変化する。人柱になった娘には赤ん坊がいたから卵を供える。濁流の中から白蛇が現れたからヘビが描かれた絵馬を奉納する。そう解釈され、語り継がれるようになった。そして本来の水神信仰は性格を弱め、次第に忘れられていった。

ただ、共通しているのは利根川との関わりだ。水神信仰にしろ人柱伝説にしろ、村の平和と子孫繁栄を願ったことは間違いない。時代が変わっても不変の願いだ。それはいまも生き続けているだろう。弁財天はそうした想いを一心に受けてきた。だから信仰する者が多く、大切に守られてきた。例え神さまの性格が変わることがあっても、弁財天には厚い信仰が寄せられ、伝説は語り継がれていくのに違いない。

さて、不変の願いや想いがあっても、環境はどんどん変わっていく。学校で顔を合わせていた旧大利根町のクラスメイトも例外ではなかった。高校を卒業してしまうと接点がなくなった。家は離れているし進路も違う。冬になったらもう一度花火を打ち上げる約束をしたのに、それも果たされないままだった。

しかし、一度知り合った縁というのは儚いようで案外強い。点と線。離れていてもつながっていた羽生と旧大利根町。それと同じように、自分で意識する範囲外のところで、案外つながっているのかもしれない。

大宮へ向かう電車の中、彼女とばったり会ったのは二十一歳のときだった。奇しくも、そのとき僕が電車で読んでいたのは赤松宗旦の『利根川図志』。江戸時代の医師が利根川沿いの村々を書いた地誌だ。点と点が線で結ばれるように、彼女との縁を利根川がつないだ気がした。

僕は運命論者ではない。ただ、人と人との間には、何か目に見えないつながりがある気がしてならない。出会っては離れ、あるいは続いていく。例えそれが花火のように儚い縁だとしても、僕らの意識が及ばないところで交錯しているのだろう。

十五歳の夏、利根川の畔で花火を打ち上げたとき、僕は砂原の弁財天もそこに眠る人柱伝説も知らなかった。ただ、あのとき利根川の流れに乗っていけば、弁財天とは一つの線でつながっていた。いずれ出会うことになる縁だったのかもしれない。

しかし、つながっても距離が近付くとは限らない。それぞれ対岸にあって、その間に広くて長い川が流れていることもある。目に見えても、手の届かない距離。望んでも向こうに渡ることのできない想い。

砂原の弁財天を知ったいまも、旧大利根町は近いようで案外遠い。車を使えばあっという間なのに、その距離感はいつも変わらない。十五歳の夏はどんどん遠ざかっていく。手を伸ばしても届かない。心によぎっては消えていく。まるで対岸の花火みたいに、鮮やかにきらめくも少し切ない。

その社は人柱と静御前の伝説を伝える？

一言神社

旧栗橋町伊坂・現久喜市

栗橋駅の近くには「一言神社」という神社が鎮座している。祭神は不明。一言神社から歩いて一分くらいのところに、源義経の情人として知られる静御前《しずかごぜん》の伝説を伝える墓碑が建っている。旧栗橋町と言えば「静御前の墓」がある町、と言っても過言ではないくらいよく知られている。墓碑のそばには案内板も建っているし、「静御前まつり」も毎年賑やかに行われている。

一方、一言神社はさほど知られていない。静御前の墓碑と目と鼻の距離とはいえ、民家に埋もれるように建っている。目立たない。注意深く見なければその存在に気付かない。

実は、一言神社には人柱伝説が伝わっている。利根川の洪水が起こったときのことだ。村人たちは決壊した堤の修復に取りかかったが、工事は難航。どうやってもうまくいかなかった。そのとき通りかかったのは子どもを背負った母親だった。村人たちはふと思い付く。母子を人柱に立てれば龍神の怒りを鎮められるかもしれない、と。

大勢の男たちに襲われた母親に成す術はなかった。「最後に一言言い残したい」と母親は切願した。

ところが、村人はこれを聞き入れなかった。母子を縛り付け、そのまま濁流に放り込んでしまう。すると水勢は穏やかになり、工事は無事に完了したのだった。

村人たちは母子の霊を慰め、大水が二度と起こらないよう祈願した。そして祠を建立。これが一言神社という。「一言言い残したい」と母親が切願したことから、「一言之宮」とも呼ばれるようになったという。

この伝説は『埼玉県伝説集成』などに収録されている。母親の願いは聞き入れられなかったわけだが、一体何を言おうとしたのだろう。彼女の「一言」は永遠に謎だ。

人柱伝説の真偽は定かではないが、伝説が派生する背景はある。大水をたびたびかぶった地域ということは間違いない。近くには「坂東太郎」の異名を持つ利根川が流れている。恵みをもたらす一方、しばしば人に牙を剥いてきた。寛保二年（一七四二）の大水では栗橋関所を押し流し、堤の切れ所ではその名残である宝治戸池《ほうじどいけ》が現存している。これは濁流が激しく地面をえぐったため、池として残ったものだ。

大水に見舞われた地域だから、人柱伝説が生まれてもおかしくはない。ただ、近隣の伝説とはいささか異なっている点がある。

まず母子が巡礼ではないということ。自らの意志で飛び込んだわけではないこと。そして「最後に一言言い残したい」と言ったことが挙げられる。語り継がれる過程で、細部に多少のズレ

一言神社

が生じたのかもしれない。全ての情報を正確に語り継ぐのは至難のわざだ。栗橋に残る人柱伝説の場合、「一言言い残したい」と言ったことが他地域と異なる点だ。

一言神社の祭神は不明とされる。とはいえ、日本の八百万《やおよろず》の神さまの中には、「一言主神《ひとことぬしのかみ》」という神が存在する。大和の葛城山の神さまで、吉凶を一言で告げる託宣神とされる。そのため一言の願いであれば聞き届けてくれる。

『古事記』や『日本書紀』では、雄略天皇との関わり合いが記載されている。また『日本霊異記』では、役行者が畏れ多くも神さまたちを使って橋を架けようとしたところ、一言主神がこれを訴えて事なきを得たという内容が記されている。

葛城山は修験者の修行の場として知られる。修験者の聖地として尊ばれてきた山だ。旧栗橋町の一言神社が、この一言主神を祀ったものかは憶測の域を出ない。ただ、もし一言主神を祀ったとすれば、『埼玉の神社』が指摘しているように神社の創建には修験者が関わっていたのかもしれない。

埼玉県内の利根川や荒川沿いにも、多くの修験寺院が分布している。その中で大きな影響力を持った寺院も少なくない。山で修行した修験者は里に下り、各地への布教活動に努めた。その道筋として利根川や荒川の水運があった。いわば川は神や仏がやってくる道だった。

旧栗橋町には鎌倉街道と言われる道筋がある。陸路と水運。いずれの交通も充実していた。

後世、そこに人柱伝説が加わった。かつて人柱になった母子がいた。それを祀ったのが一言主神が川の流れによって、あるいは鎌倉街道を伝ってやってきたとしてもおかしくはない。神社であると語った者がいた。その者は歩き巫女や修験者といった宗教者を想定したい。以来、人柱伝説が強調される。逆に託宣の神さまとしての性格は弱まった。そのまま月日は流れ、「人柱になった母子を供養する社」として語り継がれ、現在に至っているのではないだろうか。

先に触れたが、一言神社のそばには静御前の墓碑がある。源義経を追い、静は琴柱《ことじ》という侍女を連れて旅に出たと伝わる。が、旅の途中で義経の死を知ってしまう。心の支えを失い、生きる気力も消えてしまったのだろう。静はやがて病に倒れてしまう。そして伊坂（現久喜市）で息を引き取ったという。

琴柱は静御前を弔った。懇ろに念仏を唱え、静の亡骸を埋葬する。そして、目印になるようその上に一本の杉を植えた。それはぐんぐん成長し、いつしか大木となる。いつの頃からか「一本杉」と呼ばれるようになった。その傍らには小さな祠があった。それは静御前の妄念を鎮め

静御前の墓

るために琴柱が建てたものだった。この祠こそが一言神社とも言われる。

つまり一言神社には二つの伝説がある。一つは人柱伝説、もう一つは静御前伝説だ。両者には直接的な関わりはなさそうに思える。が、両者は「水」と深く関係している。

静御前は「雨乞いの舞」に力を発揮した女性だった。日照り続きで川や井戸の水が干上がり、国力が衰えかけたとき、後白河法皇は十人の白拍子（歌舞を演じる女性）に雨乞いの舞を舞わせた。その中に静の姿もあった。

舞が終わったあとだった。静は「終の舞」を舞うよう命ぜられる。するとどうだろう。舞が終わらない内から空には黒雲が立ち込める。湿った風がどこからともなく吹いてくる。ぽつりぽつりと雨滴が落ちて来たかと思うと、天の底が破れたように雨が降り注いだ。その雨は昼夜問わず三日間降り注いだという。

大和の一言主神も雨にご利益のある神さまとして知られ

ている。「雨降りの神さま」と呼ばれ、これまで多くの祈りが捧げられた。そのためだろうか。旧栗橋町の一言神社ではかつて雨乞いの儀式が行われていたという。

地域によっては竹筒を持って遠くの湖まで行き、水を汲むとリレー方式で村に持って帰って来るという雨乞いの儀式がある。しかし、旧栗橋町では水を汲んだり長距離を走ったりはしない。一言神社のご神体を、近くの香取神社に仮置きするというものだ。その途中にある宝治戸池を泳がなければならないが、何里も離れているわけではない。泳ぐのも大水によって池ができたからであって、それ以前は陸路だった。

旧栗橋町に残る旧利根川堤防跡（鎌倉古道）

御神体を香取神社に仮置きするとなぜ雨が降るのか？それは一言神社の神さまが居候の形になるため、きまり悪くなって七日以内に雨を降らせるのだという。何とも人間味のある神さまではないか。もし心臓に毛が生えており、居候だろうと何だろうと物怖じしない神さまならば、雨は一滴も降らないのに違いない。

このように旧栗橋町の一言神社は雨降りの神さまとして信仰された。雨に霊験のある静御前の伝説と結び付いたからこそ、雨乞いの儀式が行われた可能性もある。どちらが先なのかいまとなっては確かめようもない。

ただ、一言神社は一言の願いを叶えてくれる神さまである以前に、水神として祀られたものだったのかもしれない。地域を大水から守り、田畑を潤し五穀豊穣をもたらす。本来はそのような祈りが捧げられ、後世に静御前や人柱といった伝説と結び付いていったことも考えられよう。


一言神社は栗橋駅前ということもあり、周囲は民家が密集している。駅から北東の方角に鎮座し、その手前には静御前の墓碑が建っている。墓標替わりだった「一本杉」は弘化三年（一八四六）の利根川の大水によって枯死したという。『新編武蔵風土記稿』に収録された「静女古墳図」が往時を偲ばせてくれる。

伝説とはいえ、愛する義経の死を知った静御前の悲嘆は計り知れないものがあっただろう。伊坂に引き返し、そこで病気にかかってしまう静。もしそのとき一言神社を参拝していたならば、どんな願いを一言で述べただろうか。死して義経のそばに行くことか、それとも別の何か……。

儚くも強い人の想い。一言神社は人々の一言の願いを受け入れ、今日も鎮座している。

幸手権現堂
幸手市内国府間

幸手の桜並木の下には何が眠っている

本書の企画をまつやま書房の山本正史・智紀の両氏からもらって以降、古利根川に関する史跡や伝説の場所へ足を運んだ。僕が郷土史に興味を持つきっかけとなったのが古利根川だったから、懐かしくもあり新しい発見も多々あった。

そんな古利根川巡りの多くに息子を連れていった。まだ幼い息子は、そこがどんな場所であるのかわかるはずもない。でも、その場所で駆けまわり、案外楽しそうに遊んでいるから同伴させることが多かった。

幸手市の権現堂堤に息子を連れていったのは冬の季節だった。桜の名所と言われる権現堂堤だが、さすがに葉っぱ一枚もなく、冬枯れした枝の向こうに乾いた空が広がっていた。桜並木の間を駆けていく息子。すれ違う人がいると急に立ち止まり、疲れると抱っこをせがむ。

息子を見ていると、自分の幼少期と重なることがある。自ずと自分自身を重ねているのかもしれない。

ふと思い出すのは、幼い頃に両親がよく連れていってくれた場所だ。利根川。川に入ったり泳いだりしたわけではない。土手でソリ滑りをして遊んだのだ。そのときの写真が数枚残っている。そこに妹の姿が写っていないから、僕が三歳くらいのときだったのだろう。赤いソリで土手を滑った楽しさはいまも記憶に残っている。

だからなのかもしれない。大きくなっても利根川へ行くことが多かった。中学生のときには週末に同級生たちと利根川へ行っては遊び、高校生になっても放課後に自転車を走らせて夕日に光る川を眺めた。利根川へ行くのが楽しかったのは、幼い頃に両親と遊んだソリ滑りの記憶が根幹にあったからだと思う。もしも幼い頃の記憶がなければ、二十歳前後に利根川の歴史を知っても興味は持たなかったかもしれない。そのまま郷土史の世界へ足を踏み入れることもなかっただろうか。三つ子の魂百まで。ソリ滑りの感覚は、いまも僕の体に染みついているのだろう。

さて、桜の名所として名高い幸手市の権現堂堤だが、もう一つよく知られているのが人柱伝説だ。満開の桜に彩られる権現堂堤には、母娘が濁流に入水した悲しい話が伝わっている。

享和二年（一八〇二）六月のことだった。降り続く雨によって川はみるみる増水し、堤を一突きすれば崩れてしまいそうなほど危険な状態となる。村人たちは何とか決壊を食い止めようとしたが、自然の力には抗いようもない。やがて堤は決壊。濁流はみるみる村に流れ込んだ。

そこへ偶然通りかかったのは巡礼の母娘《おやこ》だった。母は言った。

「これは龍神の祟りです。人柱を立てねばなりません」

村人は驚き、互いの顔を見合った。相談を始めたものの、賛成者も反対者もいなかった。人柱を立てるにしても誰がその役を務めるのか？　率先して手を挙げる者はいない。渦巻く濁流に飛び込むのを想像しただけでも恐ろしい。

「最初に言い出した者が人柱になるべきじゃないか」と、村人の誰かが言った。それに反対する者はいなかった。巡礼の母は頷く。

「それでは私が龍神さまのお怒りを鎮めてまいりましょう」

母親はそう言うや否や、何の躊躇もなく川へ飛び込んでしまう。一人取り残されたのは娘だった。娘はしばらく念仏を唱えていたが、母親のあとを追うように川へ身を投じた。

すると不思議なことが起こる。母娘が入水したところから水が引き始めたのだ。村人たちはその機を逃さない。堤の修復に取りかかり、無事に完成させたという。

以上が幸手市に残る人柱伝説の内容だ。伝説がよく知られた地域だからと言って、その内容がほかと大きく異なるわけではない。大水、堤の決壊、入水する巡礼者、祀られる母娘と、他地域の人柱伝説に共通するキーワードは全て踏まえている。

多少異なるところと言えば、悲話が起こった具体的な年号がわかっていることだろうか。また、そこが桜の名所ということもあるせいか、堤上には母娘の像を刻んだ順礼の碑も建っている。可愛らしい母娘像だ。娘の姿は小さくて幼い。母親もまだ若そうだ。人柱伝説を伝える碑としては全くおどろおどろしくない。結城素明の手によるもので、昭和十三年（一九三九）三月に建立された。幸手市の人柱伝説は多くの文献で紹介されているが、この碑の写真も一緒に載っていることが多い。

なお、文献によっては村人が無理矢理川へ投げ込んだと伝えるものもある。自発と強制ではだいぶ異なる。

ただ、享和二年（一八〇二）に大水が起こったことは事実だ。六月下旬から大雨が降り続き、七月一日に決壊。権現堂村では六十軒を越す民家が流失したという。逃げ場を失った男女や子どもの救出劇もあった。三メートル近い水が押し寄せ、田畑は水をかぶり、流される民家を呆然と見つめるほかはなかった。人柱伝説では、巡礼母娘が入水したことによって水勢が弱まり、堤の修復工事が完了したとある。が、現実はそれほど甘いものではなかった。このときの大水は百日余りも引かずに残ったという。

また、水が引いたあとも過酷な現実が待っていた。砂をかぶった田畑は作付けをする場所が残っていなかった。流出を免れた屋敷も砂が入り込み、すぐに住めるような状態ではない。用水路と悪水路の区別もつかなくなっており、村が退転してもおかしくはなかった。享和二年の大水は江戸期の中でも大水害の一つとして記録されている。

果たして、このとき巡礼の母娘がやってきて人柱になったのだろうか。享和二年の大水は権現堂堤の二か所を決壊させている。伝説はここに結びついたのだろう。つまり、幸手の人柱伝説は何者かによって伝播されたものと思われる。それは宗教者だったか旅の者だったか。人柱伝説が伝播する以前に、大水から村を守る水神が祀られていたのではないか。それと人柱伝説が結びつき、現在に至っているとも考えられる。

権現堂堤の築堤年代については諸説ある。記録によれば築堤は戦国時代まで遡る。堤の守護神として、古くから水神が祀られていたのだろう。

近世以降、水運がますます盛んになることによって、舟を守る神としての性格も加わった。と同時に、度重なる大水によって犠牲となった死者を慰め、祟りを鎮める神としての性格も加わる。

そこへ宗教者がやってきて人柱伝説を話して聞かせる。村人たちはそれを信じ、語り継ぐことによって伝説は強固となり、村に定着した。いつしか水神としての性格は弱くなり、人柱になった巡礼母娘が前面に出るようになった。そして順礼の碑などが建立され、人柱伝説の史実性を補強し、ますます膾炙《かいしゃ》されていったのではないだろうか。

ちなみに、平成二年（一九九〇）七月二十二日に権現堂堤から妙なものが出土した。それは二基の墓碑だった。

一つの墓碑には延宝五年（一六七七）九月十七日の銘、もう一つには元禄七年（一六九四）三月十八日の年号が刻されていた。人柱伝説との関係性は不明だ。ただ、出土した墓碑が二基だったことといい、権現堂堤から出土したことといい、意味深に見てしまうのは仕方あるまい。

権現堂堤は埼玉県内の観光地の一つに数えられる。春は桜、秋には彼岸花が咲き乱れ、多くの人出で賑わう。人が集まれば、順礼の碑や二基の墓碑が目に留まる機会は多くなる。人柱伝説はさらに人から人へと伝わり、これからも語り継がれていくのだろう。

権現堂堤より出土した二基の墓碑

桜の木の下には……と、誰かが言った。桜は人の心を奪う。その美しさに見惚れる反面、不安や焦燥、孤独感をかき立てることもある。桜の何がそうさせるのか……。妖しく僕らの心を惑わせる。

桜の木の下にあるもの。幸手市の権現堂堤には「伝説」が埋まっている。大水の歴史や川と生きた人々の足跡とともに。

風に舞う花びらが順礼の碑や墓碑の前を掠めていく。人柱伝説の悲劇性が高まるほど、桜はより一層美しさを増していくのではないだろうか。

幸手市に伝わる人柱伝説を息子が理解したとき、どんな印象を持つかはわからない。関心を持つかそれとも気味悪がるか……。

親の関心事に子どもが興味を持つとは限らない。むしろ正反対の道に行くことの方が多いだろうか。山羊座の父親とは異なる射手座の息子。星座占いによると、射手座は過去を振り返らないのだとか……。

息子に自分の跡を継いでほしいという気持ちは希薄だ。親は世界の入り口まで連れていくことはできても、中に足を踏み入れるかどうかは子ども次第となる。無理強いはできない。自分の興味のあることを選んでやってほしい。それが子どもの幸せにつながるのであれば、親としては色んな世界を見せてあげたいと思う。

昆虫学が専門の学芸員は、幼い頃に父親とよく釣りに行ったという。釣りにはあまり関心がなかったが、川の周囲に咲く草花や、そこに生息する昆虫や動物たちに心を惹かれた。それが学芸員の道に進むきっかけの一つになったらしい。父親としては、釣りが息子の職業につながるとは思いもしなかっただろう。親子でも世界を見る目は異なる。人生何がきっかけになるかわからない。世界の入り口と道は至るところにあるということだ。

権現堂堤

巡礼碑に刻まれた母娘

権現堂堤の上を駆けていく息子。物心のついた頃には、父親と古利根川巡りをしたことなど忘却の彼方かもしれない。でも、もし覚えていたとすれば、それはどんな風に記憶に残っているのだろう。そしてどんな縁を運んでくるのか……。

満開に咲く桜のように、少しでも息子の人生を彩ってほしい。それが親のささやかな願いでもある。ここを訪れた親子は、優しい気持ちで子どもの姿を見ているのではないか。きっと、たくさんの思い出が作られてきたことだろう。だから権現堂堤の桜は、毎年春になると優しい色で咲くのかもしれない。

河畔砂丘
編

354
柳生
新古河
東北本線
◯飯積河畔砂丘
東武日光線
4
原道河畔砂丘◯
栗橋
125
加須IC
◯南篠崎河畔砂丘
125
◯高柳河畔砂丘
花崎
4
加須IC
◉西大輪砂丘
鷲宮
東鷲宮
幸手
◯青毛河畔砂丘
久喜
久喜IC
杉戸
高野台
久喜白岡JCT
高野砂丘◉

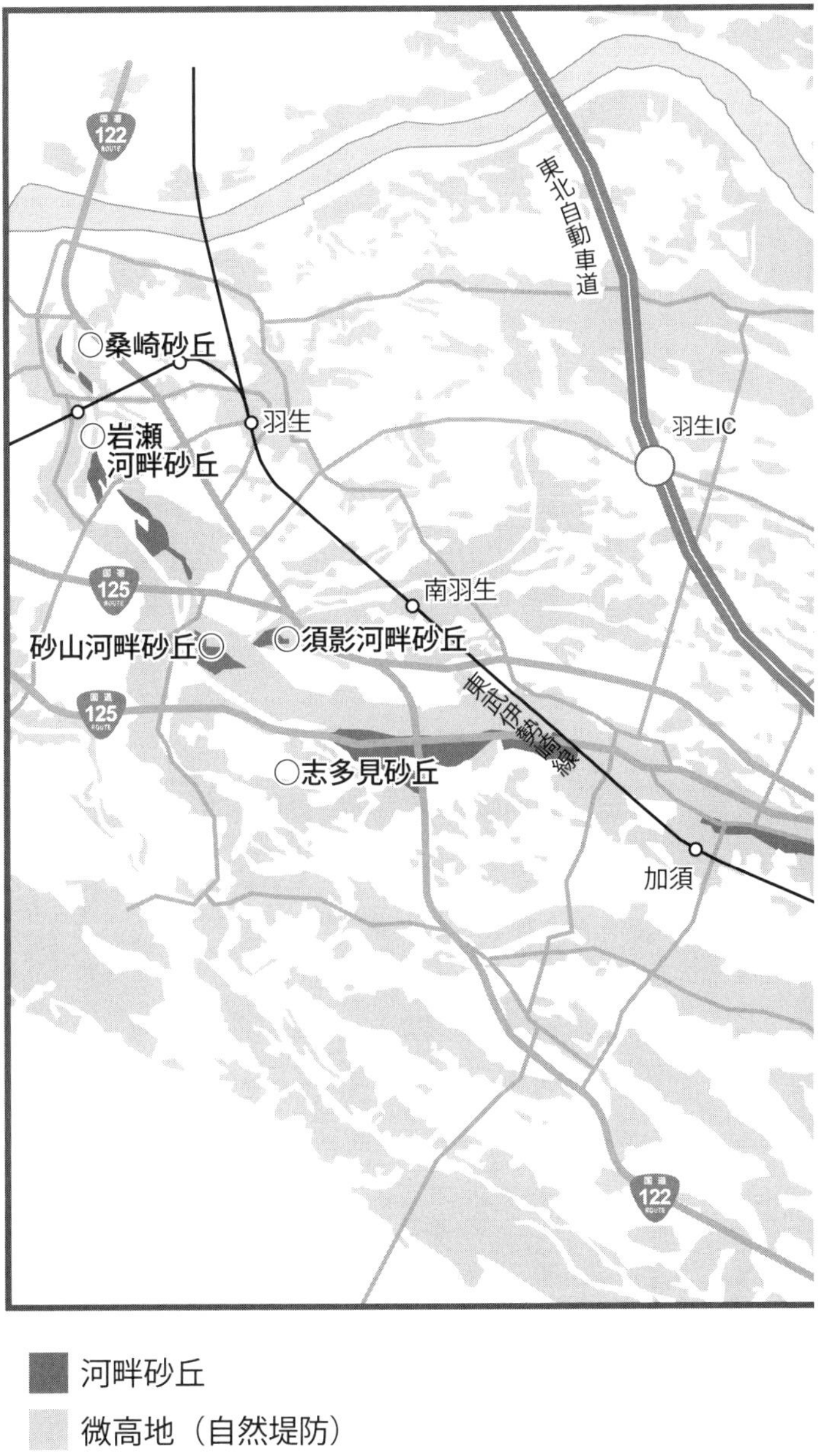

122
東北自動車道
桑崎砂丘
羽生
羽生IC
岩瀬
河畔砂丘
125
南羽生
砂山河畔砂丘
須影河畔砂丘
125
東武伊勢崎線
志多見砂丘
加須
122
河畔砂丘
微高地（自然堤防）

砂丘の上の秘密基地 ―河畔砂丘―

かつて自宅裏には小高い砂丘があった。そこは屋敷林に覆われており、木に登れば田園風景を見渡すことができた。僕はその砂丘の上に「秘密基地」を作り、多くの時間を過ごした。羽生市須影《すかげ》。小高くなっていたのは自宅だけではなかった。隣家もひときわ高くなっていた。しかも砂。登ろうとすると砂に足を取られ、しかも崩れていく。軽石がいくつも転がっていた。砂丘を越えた向こう側は田んぼだ。その田んぼは低くなっていて、夏になるとカエルが一斉に合唱を始めた。かつては蛍が飛んでいたというが、昭和五十四年（一九七九）生まれの僕はその光を一度も目にしたことがない。

「秘密基地」はどことなく独特の雰囲気が漂っていた。僕が小学生の頃だから、およそ一九八〇年代の話だ。当時はテレビ越しからバブル期の異様な熱気が伝わっていた。ファミコンやミニ四駆、ビックリマンシール……。枯れ葉の匂いに包まれた秘密基地はそんな世界から切り取られ、そこだけ別の時間が流れている気がした。

幼な心に不思議に思っていた。なぜ家の裏は小高くなっているのだろう？　どうして砂なのか？　なぜ軽石が転がっているのだろうか？　自宅でありながら何かが始まりそうな予感をはらんでいた。

自然堤防、もしくは河畔砂丘《かはんさきゅう》。その言葉を知るのは、郷土史に興味を持ってからのことだ。耳慣れない言葉かもしれない。少なくとも僕は小学生時代にその言葉に出会うことはなかった。河畔砂丘は日本では珍しい内陸砂丘で、しかも旧河川沿いに点在している。川が運んだ土砂や火山灰が季節風に巻き上げられ、堆積されやすい場所に砂丘を形成していく。一見、人が作った堤防のように見える。が、川と風が作った作品のようなものだ。

僕の自宅裏にあったのは砂丘の一部だったのだろう。そう気付いた瞬間、突然自宅裏に利根川が流れ始めた。低い田んぼは一気に利根川の水で満たされた。

とまれ。自宅から利根川は離れている。赤城颪《あかぎおろし》と呼ばれる季節風がいくら強烈でも、利根川から遠く離れたところで砂丘が作られるだろうか？

答えは簡単だった。現在の利根川ではない。旧河川。つまり、古利根川が家のそばを流れていたのだ。その流れが砂丘の源となった。砂丘下の低い田んぼは古利根川が流れた跡だったのかもしれない。だとすれば、そこにある小さな堀（小川）は旧流路の名残と言える。突然利根川に化けた。目眩《めまい》を覚えるほどの衝撃だったのを覚えている。

自宅裏だけではない。近所にも低くなっている田んぼや小高い砂丘があった。それらも「古利根川」の視点で見れば説明がつく。旧流路と河畔砂丘。まだある。須影元中学校跡の校庭がなぜ水はけがいいのか？

みんな古利根川に関係している。須影元中学校跡の校庭は、利根川が運んだ砂が多いからあまりぬかるまない。ただ、これは砂丘というより自然堤防だろう。

そもそも「須影」の地名も川に関係している。『埼玉県地名誌』によると、須影は〝洲(須)〟の〝後方(影)〟にある村と解釈される。もし古利根川が流れず、自然堤防や河畔砂丘が存在しなかったならば全く違う地名になっていたはずだ。

なお、江戸期に成立した地誌『新編武蔵風土記稿』を繙けば、須影村には「渡川」の小字が見える。かつて会の川(利根川)が流れていた頃に「渡船場」があったため、この地名が付いたという。往古は利根川が悠々と流れ、水鳥もいれば魚もたくさん泳いでいた。漂着するものもあっただろう。しばしば大水をかぶっていたかもしれない。

江戸期における須影村の田畑の割合はほぼ半々だった(『羽生領水利史』)。つまり、旧流路跡は水田として利用していた。砂丘や自然堤防の上では水路を引くのが困難だ。したがって畑として利用したものと思われる。「古利根川」の視点で須影を見れば、その名残がところどころに認められる。

これを知ったとき、秘密の一端を垣間見た気がした。幼い頃から見慣れた景色は一変し、全く新しい姿となって目に飛び込んできた。居ても立ってもいられない興奮に襲われた。外へ飛び出し、須影地域を自転車で走らせる。突然現れた川。見慣れた景色は一変し、その流れが新しい何かを運んでくれる気がした。

さて、砂丘が存在するのは須影だけではない。かつての利根川の本流である会の川を辿ればよくわかる。羽生市域で言えば新郷、桑崎、岩瀬、砂山、須影に砂丘は横たわっている。いずれも旧河川の東及び南側に形成されているのが特徴だ。

会の川は加須市に入り、やがて葛西用水路と顔を合わせて中川に合流する。むろん加須市域の会の川沿いにも砂丘はある。「志多見砂丘」と「南篠崎河畔砂丘」だ。

特に前者は、利根川沿いに現存する砂丘として最大規模を誇る。全長は四千メートル、最大幅は五百メートル。平成二十六年（二〇一六）には埼玉県の天然記念物に指定された。

利根川はかつて複雑に流れていた。だから河畔砂丘が現存しているのは会の川沿いだけではない。砂丘を追いかければ、往古の利根川の流れを偲ぶことができる。砂丘は古利根川を象徴するものと言っていい。

本書が対象にしている地域（羽生市〜杉戸町）で、『中川水系 I総論・II自然』（以下、『中川水系Ⅰ・Ⅱ』）に掲載された河畔砂丘は次の通りだ。

【会の川沿い】

新郷河畔砂丘あらため桑崎砂丘（羽生市）

岩瀬河畔砂丘（羽生市）

砂山河畔砂丘（羽生市）

須影河畔砂丘（羽生市）

志多見河畔砂丘あらため志多見砂丘（加須市）

南篠崎河畔砂丘（加須市）

【合の川沿い】

飯積河畔砂丘（旧北川辺町・現加須市）

【浅間川沿い】

原道河畔砂丘（旧大利根町・現加須市）

高柳河畔砂丘（旧栗橋町・現久喜市）

西大輪河畔砂丘あらため西大輪砂丘（旧鷲宮町・現久喜市）

青毛河畔砂丘（久喜市）

高野河畔砂丘あらため高野砂丘（杉戸町）

※新郷・志多見・西大輪・高野の河畔砂丘は文化財指定に伴い、『中川水系Ⅰ・Ⅱ』に掲載された名称とは異なる。

かつて自転車を走らせて、砂丘巡りをしたことがある。里山に覆われているところや住宅街となっている場所、神社やお寺が建っているところもあれば、一部が工場になっているところもあった。その表情は地域によってさまざまだ。

共通しているのは「観光地」ではないということ。鳥取砂丘のように、遠方からツアーを組んで砂丘を見にやってくる人は滅多にいない。また、その多くは文化財に指定されているわけではないから、説明看板もなく、何も知らなければただの高まりでしかない。そこを切り崩して開発しましょうという声があがってもおかしくはない。歴史ロマンを感じながら砂丘を見つめていても、通りがかりの人から不審がられることもある。

見える人には見える。興味のない人には目に留まらない。日本では珍しいと言われていても、そこに価値を見出すきっかけに出会うのはなかなか難しい。河畔砂丘はそういう性格のものだと思う。

だから、時代の流れとともに消滅していく可能性が高い。実際、昭和の高度経済成長期に大規模な砂の採取が行われ、多くの砂丘が切り崩された。

採取以前は、砂丘は山脈のように連なり、その上には松林が広がっていたという。その景観はとても美しく、現存していれば文化財に指定されていただろう、と話す人もいる。中には七メートルもの高まりがあって、その下で大人たちが「内緒話」をしていたのだとか……。

古利根川沿いの大きな特徴である河畔砂丘。そんな砂丘を巡りながら、かつての流路に想いを馳せる。そこにはいまとなっては幻の川の流れがある。物静かな砂丘だが、往古の川の流れと地域の歴史を饒舌に語っている。砂丘は利根川中流域の貴重な地域資源と言える。

何かと不透明な時代だからこそ、ふらり砂丘に足を運べば、いまは幻となった川が心の重みを流してくれるかもしれない。そこに棲む水神さまや龍神さまが優しく癒してくれるだろう。むろん、学術的な視点で見てもいい。視点を変えるほど、砂丘はそれぞれの表情を見せてくれる。かつて遊んだ秘密基地のように、そこには多くの「秘密」が隠されているのだから。

桑崎砂丘

羽生市

羽生市の小須賀《こすか》、桑崎《くわさき》、上岩瀬《かみいわせ》を連なるように横たわっている桑崎砂丘（新郷河畔砂丘）。国道一二二号線の交差点「小須賀」付近で辺りを見渡すと、少し離れたところで地面の高まりが見えることに気付く。平成五年（一九九三）刊行の『中川水系Ⅰ・Ⅱ』によると、砂丘の最高点の標高は二十六メートル。三つの砂丘列があり、最大列の長さは千百メートル、幅は百二十五メートルとなっている。

砂丘周辺には住宅が建ち並び、高度経済成長期には大規模な砂の採取も行われたから、「昔の姿のまま」というわけにはいかない。ただ、部分的に現存しているため、注意深く散策すると意外な発見が多々あるかもしれない。

砂丘に沿うように流れているのが会の川だ。かつての古利根川であり、この流れが砂丘を形成した源と言っていい。この会の川を下ったところに鎮座しているのが桑崎三神社（羽生市桑崎）だ。「河畔砂丘」の目で散策したならば思わず立ち止まってしまう神社ではないだろうか。境内は地面が波打つように小高くなっている。視線を足元に向ければ砂。社殿はその小高い砂の上に建ち、境内社も砂丘から参拝者を見つめている。この砂の高まりこそが河畔砂丘だ。

実は、桑崎三神社境内の河畔砂丘は平成二十九年三月二十四日に埼玉県指定文化財（天然記念物）となった。その名も「中川低地の河畔砂丘群 桑崎砂丘」。加須市の志多見砂丘、久喜市の西大輪砂丘、春日部市の浜川戸砂丘に次いでの文化財指定だ（同年同月日に杉戸町の高野砂丘も指定されている）。これまであまり注目されず、一般的に知られていなかった砂丘が文化財に指定されたことは意義深い。古利根川と地域の関係性、そして歴史を伝えるものとして今後大切に守られていくだろう。

ところで、この砂丘はいつ形成されたのだろうか。具体的な年代は特定できないが、平安時代から室町時代にかけての形成と考えられている。榛名山・浅間山が噴出した火山灰や川の土砂などが季節風に巻き上げられ、次第に形成されていく。いわば砂と風の芸術作品と言っていい。砂丘で耳を澄ませば、冬に吹き下ろす乾いた風が聞こえてきそうではないか。

平安から室町時代の形成であれば、戦国時代後期にはすでに存在していたことになる。実は、桑崎には会の川を挟んで羽生城勢と忍城勢が戦ったという伝説がある（『武蔵国郡村誌』）。地元では「岩瀬河原の戦い」と呼ばれる合戦だ。

このとき勝利したのが羽生城勢だった。その戦勝を記念して創建したのが八幡神社と言われる。つまり桑崎三神社の一つに数えられる神さまだ。稲荷社と天神社が合祀されて「桑崎三神社」となったのは明治時代のこと。それまで八幡神社は単体として鎮座し、地域を見守っていた（村の鎮守は天神社）。

戦国時代において、砂丘は会の川を監視する物見台、もしくは土塁として使われていたのかもしれない。桑崎の小名「堤根」は、砂丘に由来しているものと考えられる。会の川沿いには、中世の城館跡と目される場所がいくつかある。桑崎地内には「堀の内」という軍事施設があったとされる（『中世の城館跡』）。それが史実ならば、堀の内は川を監視する役割を担っていたのだろう。岩瀬河原の合戦時に活躍し、羽生城勢は砂丘の高みをうまく利用したのではないだろうか。

羽生城に夢中になっていた頃、僕は桑崎三神社をはじめとする「河畔砂丘」に何度も足を運んだ。前著『羽生 行田 加須 歴史周訪ヒストリア』にも取り上げたが、桑崎三神社周辺には城にまつわる伝説や史跡がある。だから砂丘というよりも「戦国」の視点で眺めていた。行っては飽きることなく胸をときめかせていたものだ。

胸ときめく地域ならば、クリスマスに行っても楽しいのではないか。そんな企画を思い付いたのは二十代のとき。クリスマスの夜に一人自転車に乗って砂丘を訪ねたことがある。

当日は冷たい西風が吹いていた。テンションが一番高かったのは家を出たとき。西風に逆らってペダルをこいでいくと、熱は次第に冷めていく。いや、冷静になっていったのかもしれない。

クリスマスの日に一人で何をやっているのだろう。そんな想いがよぎった。辿り着いた桑崎三神社は夜闇に包まれていた。砂丘の上に立つ木々は西風に揺れ、境内には誰もいない。堀の内、血洗いの池跡、ひときわ高い小須賀の砂丘……。ひと通り見て回った。いずれも普段と変わらない静けさに包まれ、夜闇に沈んでいる。まさか砂丘の上でクリスマスイベントが開かれているわけもない。イベント開催中なのは僕自身だ。三角帽子でもかぶってくればよかったかな、と思った。

砂丘はクリスマス当日でも物言わずに横たわっていた。桑崎三神社も西風に吹かれながら静かに鎮座している。僕は冷静さを取り戻していたものの、砂丘に立てば、やはり戦国時代に想いを馳せてしまう。会の川を渡って攻め込んでくる忍城勢。砂丘から駆け下りて応戦する羽生城勢。会の川沿いに点在する支城の兵たちも駆け付ける。忍城勢は強大だが羽生城勢も負けてはいない。水しぶきが上がり、砂塵が舞う。両軍の激突を、砂丘の上に立つ松林が見つめていて……。

そんな想像を働かせれば、再びテンションは上がってくる。砂丘は波のようにうねって心を打った。冷たい西風もやがて熱風に変わる。パーティグッズとして、三角帽子どころか鼻メガネも必要だ。ペダルをこぐ足に力がこもる。クリスマスの夜、砂丘の上をうろつく二十代男子。何がやりたかったのかわからない。でも、そんな企画で盛り上がっていた。一人でもお祭りだっ

桑崎砂丘

たし、誰にも止められなかったと思う。不思議と孤独感はなかった。砂丘や神社が優しく迎え入れてくれたから。二十代は駆け足で過ぎ去っていく。砂丘一つでお祭り騒ぎだったあの頃。寂しく想うのは、そんな一人遊びをしていたということではなく、あの頃の感性にはもう二度と戻ることができないということかもしれない。

岩瀬河畔砂丘

羽生市

岩瀬《いわせ》に住む同級生がいた。左目の下に泣きぼくろのある人だった。一人っ子で、幼い頃に泣いてばかりいたからほくろができたのだという。「優柔不断」とか「素面」とか、その頃僕が使ったことのない言葉をよく口にしていたのを覚えている。

放課後になるとその人と一緒にいることが多かった。週末の図書館で会えば、僕は岩瀬の近くまで送った。学校のことや同級生のこと、テストや映画のこと、読んだ本のことや裏切ってしまったのかもしれない友だちのことなど、僕らは多くの言葉を交わし、同じ時間を重ねた。そんな十六歳の日々は、その後もずっと続くと思っていた。僕の日常には岩瀬の人がいて、当たり前のように隣にいる。そんな日常の不変を疑ってもいなかった。

ところが、その日常は長くは続かなかった。春の到来とともに壊れてしまう。事件が起こったわけではない。その人が突然どこかへ行ってしまったわけでもない。第三者が現れてバランスが崩れたわけでもない。誰のせいでもなかった。壊したのは僕自身だったのだから。

その理由をうまく思い出せない。ケンカをしたわけでも、嫌いになったわけでもなかった。

その根本となったところを思い出そうとしても、不思議とどこにも行きあたらない。気まぐれな一時《いっとき》の感情だったのだろうか。

いや、言いようのない不安がいつも胸の底にあった。何も起こっていないのに、妙な不安感に揺れ動いていた。壊したかったのはその不安だったのかもしれない。そこから逃げ出したかった。逃げ出すことは、その人を失うことだということに気付いていなかった。十六歳。二十年以上もの歳月が流れたいま、十六歳の自分はまるで他者のようにわからない存在になっている。

岩瀬には砂丘が連なっている。十六歳の頃は「河畔砂丘」という言葉は知らない。なぜ地面の高まりがあるのか疑問に思うことさえなかった。

羽生市の上岩瀬、下岩瀬、小松にかけて横たわる岩瀬河畔砂丘。『中川水系Ⅰ・Ⅱ』によると、最大列の長さは千七百メートル、最高点の標高は二十四．六メートルとなっている。

民家や工場が建っているものの、砂丘は会の川に沿って長く伸びている。一部が道になっているから自転車や車で通ることができる。ゆるく湾曲になった場所では、砂丘の連なりが望める。僕は何度も自転車で通ったが、いまだ飽きることはない。

ちなみに「岩瀬」は歌に詠まれた地としても知られている。

五月雨はいはせの渡りなみこえて みやざき山に雲ぞかかれる（藤原基広）
舟とむるいはせのわたりさよふけて みやざき山をいづる月かげ（加茂重敏）
あまそぎに雪ふりつめる舟をみて わたりがたきはいはせなりけり（読人しらず）
風さむみ冬はいはせのわたりにて をちの舟まつおとぞわりなき（読人しらず）

この歌は、鎌倉時代後期に成立した私撰和歌集『夫木和歌抄』（夫木集）に収録されているものだ。歌に登場する「いはせ《わ》の渡り」が羽生の岩瀬と比定されている。

が、比定地については諸説ある。羽生市と断定されているわけではない。とはいえ、会の川（利根川）の流れを物語る河畔砂丘が発達しており、かつて渡し場があったとしてもおかしくはない。地元には渡し場と伝わる「あがっと」「おりっと」という土地の呼び名もあるし「稲荷河岸」があったとも言われる（『埼玉の神社』）。

また、古代律令制の時代において、川の渡河点では渡し船が少なく橋の不備が多々あった。そのためさまざまなトラブルが生じ、争いが絶えなかつた。そこで太政官は渡し船を増やすよう命じるのだが、その中に「武蔵国石瀬河」があった。一艘の船のほか、もう二艘を増やすとしている（『類聚三代格』）。つまり、計三艘の船で対岸を行き来していたことになる。

この「石瀬河」も羽生市岩瀬と比定される。『夫木和歌抄』に詠まれた歌といい、船の増加といい、これが羽生市岩瀬を指すものとすれば、古来より交通において重要な場所だったことがうかがえる。

現在の景観からは想像するのも難しいが、かつては会の川が滔々《とうとう》と流れていたのだろう。その上を船が行き交っていた。渡し場には船を出す人がいて、宿のようなものもあったのかもしれない。

時代によって川の流れは変わる。時には軍事的に重要視されることもあった。そのときどのような人々が関係し、どんな思惑が行き交っていたのか……。物言わぬ河畔砂丘だが、そうした歴史の息遣いを河畔砂丘から読み解くことができるのではないか。


ところで、岩瀬に住んでいた人は、翌年の春を迎えると僕ではない同級生と同じ時間を重ねるようになっていた。その人との日常を壊したのは僕自身だったのに、どうしようもなく胸が痛かったのを覚えている。脈拍は早くなり、呼吸が乱れた。成す術もない現実を迎えたとき、何を失ったのか初めて知った気がした。

一度失ったら二度と取り戻せない。もう取り返しがつかない。失うことを恐れていなかった十六歳の僕はあまりに幼かったことに気づく。「永遠」が幻想であることも知らなかったのだから。

岩瀬河畔砂丘

「不安」は消えた。代わりに「喪失」がやってきた。その喪失を違う何かで埋めようとしても、かえって失い続け、その人は遠く離れていくばかりだった。

時間とともに記憶は遠ざかっていく。形成されていく砂丘のように、記憶はやがて埋もれ、そこに僕らがいたことさえ忘れてしまうのかもしれない。それが自然の摂理なのだろう。抵抗する術を僕は知らない。

岩瀬河畔砂丘には多くの記憶が眠っている。巡る季節とともに、それぞれの記憶が地層のように積み重なっていく。砂の一粒一粒には失われた記憶が眠っているのかもしれない。

伝えたい想いを言葉にかえようとする。でも、その途端に砂のように崩れていく。『夫木和歌抄』に収められた歌人のように想いを歌に表そうとしても、僕にはその才がない。

砂山河畔砂丘

羽生市

砂山《すなやま》に住む同級生には兄貴がいた。小学生の頃、長男の僕には上のキョウダイがいる同級生は、情報量や価値観が大きく違って感じられたものだ。兄貴のいる彼は、同級生の中でも大人びて見えた。光ＧＥＮＪＩやＷｉｎｋが流行していた頃、彼は長渕剛のファンだった。部屋には「とんぼ」や「昭和」のＣＤがあり、どことなく「兄貴」の影がちらついていた。

彼は男女ともに人気があったから、自然と人が集まっていたのだろう。彼の家に行くことはあっても、僕の家で遊んだ記憶はない。何かに抜きんでていたわけではない僕は、クラスでも目立たない存在だった。

何度も行った彼の家で印象に残っているのは、裏のお堂と田んぼだ。お堂の周囲は鬱蒼と木々が生い茂っていて、昼間でも薄暗く、幼な心にもそこが特別な領域であることが察せられた。

屋敷林を抜けると急に視界が拓けた。ずっと遠くまで広がる田んぼ。東西には小さな用水路が流れ、その脇に一本の木がポツンと立っていた。あれは何という木だったのだろう。用水路の縁に一本立つその木はいつも孤独に見えた。「砂山」の名を耳にすると、僕はお堂と田んぼ、そして用水路沿いの木が思い浮かぶ。

「砂山」という地名からしてすでに河畔砂丘の気配を漂わせている。羽生市砂山に位置している砂山河畔砂丘。

『新編武蔵風土記稿』によると、砂山の地は文禄年間（一五九二〜九五）に開墾されたという。会の川が締め切られたのは文禄三年（一五九四）のことだ。この工事によって、砂山地区ではようやく人の手が加わったということだろうか。

『中川水系Ⅰ・Ⅱ』によればこの地の砂丘列は四つある。最高点の標高は二十二・八メートル。「砂山」の地名のわりには砂丘があまり目立たない。というのも、高度経済成長期に砂が大量に採取されたからだ。砂が欲しいとき、「砂山」の地名は魅惑的な響きを持っていたことだろう。採取された砂はコンクリートの材料と化し、いまでも都内の建物のどこかに使用されているのかもしれない。

かつてこの地域には砂丘と広大な松原があった。大正生まれの古老曰く、昼でも薄暗くてそこへ行くのは幼な心に恐かったという。太平洋戦争時には、そこに戦車を隠すという話も持ち上がっていたらしい。

砂丘は高く、松原は広くて深かった。昭和五十四年（一九七九）生まれの僕も少しだけ身に覚えがある。松原はすでに大幅に姿を消していたが、鬱蒼とした屋敷林や里山がまだ残っていた。そこは異界の入り口のような雰囲気が漂っており、一度足を踏み入れたならば二度と出てこられない気がした。あの頃の砂山は、冒険に満ち溢れた刺激的な地域に見えたものだ。ところが、高度経済成長期を境に景観は激変した。松は伐採され、地面は平らになる。そして屋敷林や里山も消えていく。薄暗い場所は消え、同時に昔ながらの話もなくなっていったのかもしれない。

平成十九年(二〇〇七)には大型ショッピングモールが誕生し、景観はさらに変わった。細い道は拡張され、辻には信号機が建ち、車がひっきりなしに通り過ぎるようになった。屋敷林は伐採され、わずかに残っていた砂丘も切り崩された。時代の凄まじい変貌ぶりを目の当たりにする思いがしたものだ。

ところで、かつて砂山では会の川が三つに分かれていた。一つは須影方面へ、もう一つは現在の会の川、残る一つは南の星川方面へ流れていた。三つの流路が同時代に流れていたとは限らないが、これは砂山地区の大きな特徴と言っていい。河川交通の要衝地というよりも川の乱流地点だったのだろう。河畔砂丘が発達し、「砂山」の地名がついたのも頷ける。土砂に埋もれた流路跡もあるのに違いない。

砂山で分かれる三つの流路には心惹かれる。乱流地帯だったからこそ、『新編武蔵風土記稿』

が伝えるように文禄年間（一五九二〜九五）に開墾が可能になったのかもしれない。そんな乱流を物語る「砂山」＝河畔砂丘が、時代とともに失われていくことには寂しさを覚える。それは歴史の証言者が消滅してしまうことへの寂しさに似ている。

「河畔砂丘」の言葉も知らなかった小学生の頃、砂山の同級生とそんな話題が出たことは一度もない。「利根川」は僕らの住む地域から遠いところを流れる川であり、何の接点もないように思われた。

小学校を卒業して中学生になると、砂山の彼とは自然と疎遠になっていった。クラスは一度も同じにはならなかったし、つき合う友人も変わった。幼い頃はよく遊んでも、環境の変化とともにだんだん離れていってしまう。よくある話だ。

彼のつき合う友人たちは、僕には皆大人びて見えた。「兄貴」のいる同級生だったのだろうか。ファッションや流行に関心を持ち、情報量が違う。当然のことだが、僕は何歳になっても「兄貴」は持てなかったし、またそういう存在にもなれなかった。

高校生になっても彼とは学校が一緒だった。が、距離感は変わらない。クラスも選択授業も同じにならない。ただ、一人だけ共通して知っている同級生がいた。ただ、その同級生は僕の心を不安定にさせる存在だった。髪が長くて肩幅は広く、当時流行していた「腰パン」姿で、

砂山河畔砂丘

すれ違えば甘い香水が鼻先をかすめていく。彼もまた「兄貴」がいそうな気配がした。

長男として生まれてきたことに初めて嫌悪感めいたものを覚えたのは、そのときが初めてだった。僕は無関心を装い、目をそらした。そうした感情はしばらく続いたが、高校を卒業してからは次第になくなっていった。あれは思春期特有の感情だったのだろう。

思春期の終わりとともに、砂山の同級生とは接点がなくなった。それから長い歳月が流れ、砂山の景観は様変わりしている。彼と遊んだ頃の記憶の光景はもはやノスタルジーでさえある。砂丘や田んぼが消えて工業団地ができ始めた頃から、僕らの「少年時代」は終わりを迎えたのかもしれない。

砂丘が砂山の代名詞だったように、僕にとって「兄貴」は憧れの象徴だった。なりたくてもなれない。手を伸ばしても届かない。思春期の頃に欲しくて得られなかったものは、埋められなかった心の隙間として残る。そして、その後の生き方に大なり小なりの影響を与えるものなのかもしれない。コンプレックスというほどではない。ただ、ざらついた感情として残っている。心の中心にではなく、片隅に。

時代の変化の影響を受けている羽生市砂山。そして、そこに残る古利根川の乱流を物語る砂山河畔砂丘。時代とともに砂丘は消えてきた。その流れから抜け出ることはできないのだろう。ただ、色々な想いにかき乱れる思春期が終わりを告げるように、砂山には新しい時代の風が吹いている。そしてこれから別の何かができていくのかもしれない。それは、幼い頃の僕を刺激させたような冒険に満ち溢れたものだろうか。かつて三つに分かれていた川の流れのように、砂山地区は未来への道筋がいくつも広がっている。

須影河畔砂丘

羽生市

僕の祖母は須影《すかげ》の砂丘上の墓地に眠っている。両親が共働きだったこともあって、僕はおばあちゃん子だった。保育園に預けられるまで、多くの時間を祖母と過ごした。幼い頃を振り返ると決まって祖母の姿が思い浮かぶ。

自転車の後ろに乗せられて、僕は祖母といつも一緒だった。平日の昼間は二人しかいない。午前中にうどんのタネを仕込み、昼は羽生駅前の東武ストアへ行き、夕方になればうどんを打つというのが祖母の決まったスタイルだった。夏になれば田んぼへ行っては水位を調整し、家や畑の草刈りも余念がなかった。

祖母はよく墓参りをした。須影の共同墓地は砂丘の上にある。二体のお地蔵さまに手を合わせたあと墓に線香を供えた。僕は墓所に敷き詰められた色とりどりの石を手に取りながら、墓参する祖母を見つめた。

小高い砂丘の上からは、南に広がる田んぼがよく見えた。夏になれば水田に陽の光りが反射してキラキラ輝いていた。須影に利根川が流れていた頃も、日射しに輝く川の光景が見られたのかもしれない。

僕が物心ついた頃からすでに開発は進んでいた。砂丘の上には民家がたくさん建ち、保育園の教室まであった。夕方になると移動式の魚屋や八百屋の車が砂丘にやってきて、スピーカーから流す「かわいい魚屋さん」や「ふしぎなポケット」の曲が聞こえてきたものだ。そのメロディを聞いて砂丘を思い出す人も多いかもしれない。

砂丘は東西に伸びている。共同墓地から砂丘沿いに東へ行くと、ひときわ高くなっているところがある。その上には一基の石祠が祀られており、正面に刻された銘は「仙元大菩薩」。この場所が江戸時代に流行した浅間信仰の名残と知るのは後年になってからのことだ。高くなっているのは砂丘に土を盛ったからだろう。

共同墓地から西へ向かえば、砂丘はだんだん低くなっていく。ちょうど平らになったところにクヌギの木が数本立ち、子どもたちの間ではカブトムシがいる木として知られていた。

聞いた話によると、祖母が生まれ育ったのはこの砂丘の近くだったらしい。祖母は須影に生まれ育ち、同じ村の祖父のところへ嫁いだことになる。だから須影のことは何でも知っていたのだろう。

これも聞いた話だが、祖母は物知りな人として近所で知られていたという。困ったことがあっても、祖母に相談にすれば不思議と解決したらしい。この話がどこまで本当なのかはわからない。確かに、聞けば何でも教えてくれた。

ただ、共同墓地の下に横たわる地面の高まりを、祖母が「河畔砂丘」と認識していたのかはわからない。古利根川が作り上げた砂丘ということも、果たして知っていただろうか。

「知識人」とは異なるかもしれない。僕の中の祖母は、子どもの頃に親しんだ「おばあちゃん」の姿のままだ。それは幼い僕が見た祖母像でしかない。優しくて、卵焼きやうどんを上手に作るおばあちゃん。もしかすると、祖母は絡まった糸を解きほぐすような工夫と知恵、あるいはアイディアを持つ人だったのかもしれない。


小さな川はあっても大河は見当たらない羽生市須影。この地域に古利根川が作った砂丘が存在すると言ってもピンとこない。しかし、須影には「渡川」という小字がある。渡川は渡船場跡と伝わる。

利根川が須影に流れ込んでいたことを示すものがある。それは砂丘だ。平成五年（一九九三）刊行の『中川水系Ⅰ・Ⅱ』では、六つの砂丘列を指摘している。が、時代の流れによってその後消滅したものも多い。

比較的わかりやすいのは須影共同墓地だろう。ここは小高くなっており、地面に視線を落とせば砂、砂、砂。東西に伸びた砂丘の上に、かつて僕が通っていた保育園の教室があった。園

須影河畔砂丘

内は一部が高くなっており、当時南側にあった「うめ組」の教室に行くには、階段を登らなければならなかった。これは砂丘の上に教室が建っていたからにほかならない。水遊びをすれば砂が絡みつき、汚れはしなかったもののいささか肌に痛かった。その状態で遊んだ石の滑り台の痛みはいまでも忘れられない。

ちなみに、お泊り保育では共同墓地＝河畔砂丘で肝試しをしたという。伝聞なのは、僕はお泊り保育に参加しなかったからだ。引っ込み思案の僕は、集団の中で一晩過ごすのが不安だったらしい。行きたくないとごね、ついに参加しなかった。

しかし河畔砂丘で肝試し。どれだけ恐くて、楽しかったことだろう。逃がした肝試しは大きい。大人になったいま、お泊り保育に参加しなかったことを少しだけ後悔している。

平成十九年（二〇〇七）に入ると、須影地区に大型ショッピングモールが誕生した。その影響を受け、開発の波が怒涛のごとく押し寄せている。大型道路が次々にでき、田園風景が広がっていた場所には工業団地が造成された。道路沿いには新規の店が次々にオープン。新興住宅も凄まじい勢いで建っている。低かった田んぼは埋め立てられた。カブトムシやクワガタがたくさんいた里山も姿を消した。

僕の自宅裏に横たわっていた砂丘も消滅した。そこに作った「秘密基地」も崩れ去る。それは一つの時代の終わりだったのだろう。隣家の砂丘も消え、屋敷林は伐採。砂丘の下を流れていた小川も整備された。現在の須影地区に住む子どもたちは、砂丘や里山があったことを想像するのも難しいだろう。

河畔砂丘の共同墓地からは大型ショッピングモールがよく見える。夜になると煌々《こうこう》と明かりが灯る。巨大で眩しい。まるで現代版のお城を連想させる。墓下に眠る祖先たちが目にしたら、腰を抜かすのではないだろうか。

そんな開発の中、利根川が流れていた痕跡が次々に消え去っている。これも時代の移り変わりなのだろう。かつて須影地区に利根川が流れていたという記憶も、やがては消えてしまうのかもしれない。

過去に戻りたいとは思わない。また現状に留まりたいわけでもない。僕らは生きている限り前に進んでいく。歩まざるを得ない。

ただ、時として利益に目が向きがちかもしれない。豊かな暮らしを求め、その裏で犠牲になっているものを忘れがちになる。豊かさの引きかえに何を失っているのか？　自然とともに歩み、歴史の声に耳を傾ける。どんなに豊かになっても、歴史が過去のものとして分断されるわけではない。もしもそれを忘れて突き進んだとき、僕らの前にもたらされるのは一体何だろうか。

祖母は僕が小学二年生のときにこの世を去った。病を患い、そのまま帰らぬ人となった。僕にとって生まれて初めて接する「死」だった。顔は白い布に覆われ、胸の上に置かれていたのは魔除けの刃物。仏壇は閉じられ、白い紙が貼られていた。当時は自宅で葬儀を執り行うのが一般的で、仏間には祭壇が設けられていた。親戚たちがこぞって集まり、まるでお盆や正月のような雰囲気でありながら、それとは全く別の光景を僕は不思議な思いで見ていたのを覚えている。涙は出てこなかった。祖母はいま頃どの辺りにいるのだろう。そんなことを思い、すぐにまた会えそうな気がした。

祖母の遺骨は墓石の下に納められた。須影共同墓地。祖母とよく来た場所だ。しかし、どこを探しても祖母の姿はない。喪服を着た親戚たちが厳かな顔で砂丘に立ち、手を合わせていた。僕は「死」の実感が湧かず、ぼんやり突っ立っていた。お地蔵さまのお堂の前に行けば祖母の自転車がとまっている気さえしたのだから。

須影に生まれ育って、砂丘にかえっていった祖母。その人生は古利根川の流れのように過ぎていったのかもしれない。砂丘とともに暮らしてきたのだろう。須影で生を受けた僕も、祖母と同じように砂とともに育ってきた。幼い頃、祖母と過ごした時間は心の中に堆積し、砂丘のように連なっている。だから、須影へ行けば砂丘の向こう側に祖母と幼い頃の自分がいる気がする。そこはやがて僕自身がかえっていく場所なのかもしれない。

押し寄せる開発の波によって変貌著しい須影。新しい時代の波が古い記憶をさらっていく。古利根川の記憶が完全に消えたとき、どんな姿になっているのだろう。そんな時代の行く末を見守るように、祖母たちが眠る砂丘は横たわり、遠い記憶を留めている。

加須市

志多見砂丘

平成二十六年（二〇一四）に埼玉県の天然記念物に指定された志多見《しだみ》砂丘。規模が大きい。全長は四千メートルにも及ぶ。最大幅は五百メートル。平安時代から室町時代にかけて形成されたものと考えられている。

砂丘の上を国道一二五号線が通っている。自転車や車で走りながらも砂丘の存在を感じられる。と言うのも、国道の脇に砂丘が盛り上がり、また高低差があるからだ。意識しなければ通り過ぎるだけ。しかし、「砂丘」の目で通れば胸高鳴る場所に変わる。

志多見砂丘は東西に延びている。目印はたくさんある。例えば学校。加須西中学校や誠和福祉高等学校（南門）、志多見小学校などを目標にして周辺を見渡せば、砂丘を見付けられる。それと遊園地「むさしの村」がある。自然堤防の上に建ち、その周辺には砂丘が現存している。

幼い頃、むさしの村の園内にはアスレチックコーナーがあった。地面は高低差があり、松が生い茂っていた。そこは「河畔砂丘」以外の何ものでもない。アスレチックコーナーで遊んだ記憶は、アトラクションとは少し違う印象で残っている。現在は動物たちと触れ合う場所に変わったが、地面の高低差は健在だ。しかも砂。無意識だったにせよ、砂丘と戯れていた少年が大人になって川に興味を覚えるのも無理はない。

ちなみに、砂丘林は江戸時代にはすでに存在していた。アカマツのほかにクヌギやコナラが植林されていたという。ここで伐採された松は薪となり領主に献納された。だから、勝手に伐採できなかったし、もし盗む者がいれば重い罰が科された。

そんな歴史を持つ志多見砂丘だが、やがて開発の波が押し寄せてくる。高度経済成長期だ。この時期、志多見砂丘は大きく形を変えることとなる。木々は伐採され、砂丘は切り崩された。国道の脇には民家や会社が建ち、次第に拓けていく。昔の砂丘の景観を知る人ならば、全く別の場所のように見えるのかもしれない。

母方の祖父からこんな話を聞いたことがある。祖父がまだ幼かった頃（戦前）、父親と一緒に観賞用のスズムシを捕りに砂丘林へ足を踏み入れたという。夜中だった。どこを見渡しても明かりは見えない。暗闇だけが広がっている。しかしよく知った砂丘林。スズムシ捕りがそのとき初めてだったわけではなかった。

ところが、その日に限って不思議なことが起こる。帰り道がわからなくなってしまったのだ。歩けども歩けども、どうしても林を抜けられない。同じところをぐるぐる回っている（ような気がする）。辺りは暗闇ばかりで目印になるものもない。

「おとか（キツネ）に化かされたのかもしれないね」と、祖父は笑った。

どのくらいさまよったのだろう。どこにいるのかさえわからなくなっていた。暗闇の中に響き渡るのはスズムシの声。父親も焦ったのか、いつの間にか口数も少なくなっていた。二人の足音が空しく暗闇の中へ消えていく。

もしもそこにきらびやかな御殿と女性が現れたならば、それはおとか（キツネ）の仕業だったのに違いない。が、御殿は現れなかった。化け物めいたものにも出会わなかった。暗闇の中をさまよい続けた祖父たちだったが、ひょんなきっかけで林を抜け切ることができた。出てしまえばなんてことはない。ただ、そこは家の方角とは全く別の場所だったという。しかも、その日は一匹のスズムシも捕まえることができなかった。

おとか（キツネ）に化かされたのだろう、と言えば興味深い。しかし、当時の林が深かったことを示すエピソードとして捉えることができる。この手の話は案外多かったかもしれない。怪談話、不思議な話、笑い話など、志多見砂丘にまつわるエピソードはたくさんあっただろう。

例えば、羽生市岩瀬という一地区だけでも、ムジナに化かされた話がいくつも残っているのだ（『狢の夜話』）。タヌキやキツネも住んでいただろうし、多くの生きものたちの揺りかごになっていたはずだ。

いま、夜中に志多見砂丘へ行ったところで迷いそうもない。広い国道はあるし、車が絶え間

志多見砂丘と会の川（「むさしの村」内）

志多見砂丘

なく通り過ぎている。多くの外灯が辺りを照らし、伐採された木々の向こうに会の川の対岸が見える。祖父の体験は遠い昔話となっている。

志多見砂丘は利根川沿いの河畔砂丘の象徴と言ってもいい。時を経て姿は変わっても、確かな存在感で残っている。思い出の一ページとして砂丘が思い浮かぶ地元住民は少なくないだろう。

「河畔砂丘」の言葉を知らなかった頃、僕は砂丘の上に建つそば屋「辻九」でバイトをしたことがある。国道の向こう側は松林に覆われ、店の北側は一段低くなっていた。「砂丘」の視点で目にしてはいなかったが、妙にそれらが印象深かったのを覚えている。美味しいそば・うどん、そして仕事終わりに言葉を紡ぐ店長。僕にとって初めて接した「社会」は砂丘の上だった。そこは一つの学び舎だったと思う。いまでも時々足を運ぶその店で、松林と砂丘、社会の象徴だった店長を僕はあの頃と同じまなざしで見てしまう。

先に少し触れたが、砂丘の上には遊園地「むさしの村」が広がっている。一度「砂丘」の視点を持って園内に入ってみると、別の意味で胸高鳴る場所となる。至るところで砂丘を感じられるのだ。出入り口近くにひときわ高く盛り上がる砂丘。林立する松林やすぐ北を流れる会の川（古利根川）。園内を走る汽車に乗れば、それらをひと通り見ることができる。家族や恋人よりも先に砂丘へカメラを向けてしまうかもしれない。観覧車の一番高いところでは、古利根川が育んだ北武蔵の歴史に想いを馳せずにはいられないだろう。

むろん、「むさしの村」に入らずとも志多見砂丘を目にすることができる。松林の中を通り抜ける細い道、砂丘の上に鎮座する神社など見どころは多い。ただ、幼い頃に遊んだ「むさしの村」の記憶は特別で、僕の中ではそれは砂丘エピソードの一つに数えられる。祖父の持つエピソードと色調が違うのは、「時代の変化」というものだろう。

「中川低地の河畔砂丘群」の中で最大規模を誇る志多見砂丘。「むさしの村」の記憶を含めて、多くの人たちの想いや夢がそこにはある。園内を走る汽車のように、砂丘は夢を乗せて未来へ向かっていくのかもしれない。

南篠崎河畔砂丘

加須市

あなたは自分に自信があるタイプだろうか。生まれ持った性格によるのだろうが、僕は自信に満ち溢れた時代をいまだかつて送ったことがない。自信満々な人を羨ましく思うことは多々ある。

二十代の頃はもっと自信がなかった。もしも自信のなさコンテストがあったならば上位に食い込んでいたと思う。

結果と自信は比例している。結果を出せれば自ずと自信はついてくる。どんなに言葉を並べても、実績がないと空回りしてしまう。それに結果が出ないときは、往々にして悲観的な考えをするものだ。自分がやっていることは無駄ではないのか。無為に日々を送っているのではないか。自分が採った選択は間違っているのではないか、などと後ろ向きの方向へどんどん流れていく。

そして次に考えるのは、いい加減もう諦めた方がいいのではないか？　ということ。自分が固執しているものを諦めれば、もっと楽になれるかもしれない。結果が出ないことに苦しまなくてすむかもしれない。そんな考えが頭をもたげる。

同世代と比較すればその考えはもっと強くなる。自分の不甲斐なさに落ち込む。同世代は「世間」の象徴なのだろう。誰のせいでも社会のせいでもない。全ては自分のせい。そのことを突き付けられ、踏みとどまったままの自分に項垂《うなだ》れるのだ。

そんな風に悶々としていた頃、僕はよく加須市を流れる会の川沿いの道を通った。当時存在した県道沿いの書店へ行くとき、大通りを避けてその道をよく使った。高校生の頃から乗っているボロボロの自転車を走らせ、すぐ脇を流れる会の川を眺めた。夏は水をたっぷり湛えているが、冬になると極端に少なくなる。川面《かわも》を滑るように吹く寒風に身をさらせば、自信など途端に吹き飛ぶ。あの頃、会の川はいつも泣きそうな表情だったのを覚えている。

会の川に並行して連なる砂丘がある。南篠崎《みなみしのざき》河畔砂丘。加須市久下《くげ》付近から南篠崎にかけて発達した砂丘だ。

砂丘の上を県道一五二号線が通っている。町中ということもあって、砂丘全体が住宅街となっている。が、地面の高まりが砂丘の存在を教えてくれる。

砂丘は東西に延びている。『中川水系I・II』によると南篠崎河畔砂丘の全長は二千七百メートル、幅およそ五十メートル。低地との比高は七．五メートルとなっている。「きわめて細長く比高が大きいことが、南篠崎河畔砂丘の特徴である」と、同書は述べている。

この砂丘に寄り添うように流れているのが会の川だ。護岸され、現在は小さな流れとなっている。冬の渇水期には水は濁って淀み、これがかつての利根川の本流だったと聞いても、信じない人がいてもおかしくはないだろう。

会の川を渡って南へ向かう。やがて砂丘にぶつかる。これを越えれば坂道だ。この坂道が砂丘の存在を示すポイントと言っていい。坂道を上り下りして登校する学生も多いだろう。毎日砂丘を越えていることになる。

河畔砂丘の反対側、会の川の北側で東西に並行する道がある。そこは通称「グルメ通り」と呼ばれている（国道一二五号線）。飲食店が多く建ち並んでいることからその名が付いたらしい。川の南側の河畔砂丘を訪ね、小腹がすいたら北のグルメ通りへ、というコースを辿ることは可能だ。

ところで、河畔砂丘を辿るように会の川を上っていくと、右岸に水神宮が祀られている箇所がある（加須市東栄二丁目）。墓石のような形をした石碑だが、水神さまを祀ったものだ。正面には「水神宮」、側面には「嘉永元年四月立之」の銘が見える。水神宮は元々この場所ではなく、少し南へ行ったところにあったという。

この付近は「切れ所」と呼ばれていた。堤が低く、大雨が降るとしばしば決壊した。その

水神宮の石碑

砂丘上の県道 152 号線

ため人々は水神さまの怒りを鎮めるべく、水神宮を建てて祀ったという。

その周辺は住宅街と化しているが、かつては田んぼが広がっていたらしい。住宅街を歩けば蓋に覆われた水路が流れていることに気付く。これは田んぼに引いていた水路の名残だろう。そのため水神宮は大水除けというよりも、灌漑の神さまとして祀られていたのではないだろうか。

河畔砂丘の麓には加須市立加須小学校が建っている。堤が決壊したときの名残か、小学校付近には大きな池があったという。堤が切れると、激しく水が流れ出たところが池となって残る場合がある。これを押堀という。小学校付近にあった池が押堀だったのか、消滅したいまとなっては定かではない。

利根川の記憶はそんな河畔砂丘や水神宮などに刻まれている。普段何気なく通っているところにもそんな記憶が眠っているものだ。とはいえ、地味だから気付かないことも多い。視界に入っても、意識しなければ目に留まらない。

しかし、埋もれた歴史に触れたとき、地域の新たな発見がある。住み慣れた町が全く違った形で飛び込んでくる。ただの地面の高まりが砂丘と知ったとき、キラキラと輝いて見えてくるのだ。その輝きが増えるほど町の魅力はどんどん高まっていく。それが各地で増えれば、日本全体がさらに輝くのではないだろうか。地域発見にはそんな可能性が秘められている。

ところで、ピンチはチャンスという。不安や焦燥感を抱えて会の川沿いの道を走らせていた頃、僕はそんな言葉を胸の中で反芻させていた。

何事も発想の転換が大切。ピンチをチャンスに変え、前向きに物事を捉えたい。悲観するのは仕方ないにしても、それをほんの少し上回る楽観があれば切り抜けられる。

後ろ向きな気持ちも発想を転換させればよい。壁にぶつかって辛い。なかなか乗り越えられなくて苦しんでいる。だからこそ幸せ、と切り替えてしまう。

真面目に生きているから壁にぶつかる。積み重ね、自分の信じるものがあるからこそ挫折し、不安や焦燥に駆られる。何もなければぶつかる壁もない。

不安や焦燥のど真ん中にあってはなかなかそう思えない。が、壁にぶつかったときはチャンスと思いたい。ゲームで言えば、次のステージへ行くための関門のようなもの。「ボス」を倒し、その関門を突破すれば次に進むことができる。自分の望むものが得られる。例え得られずとも一歩近付くことはできる。壁にぶつかることは、そういう時期にさしかかったことを意味している。成長した証。祝杯を挙げるべきなのかもしれない。

大切なのは逃げ出さないこと。頑張らなくていいから壁に向き合うこと。一時逃れは逃避行にすらならない。もっと辛いところへ自分を追い込むことになる。

無理をする必要はない。とことん落ち込んでいいから壁の前から離れない。そうすれば自ずと突破口は見えてくる。負けそうになっても、発想の転換で祝杯を挙げれば、壁の方から崩れるかもしれないのだから。

二十代が遠ざかったいま、僕はあの頃ほどの閉塞感を感じてはいない。ただ、南篠崎の会川沿いの道は、自信のない自分がいまでも走り続けている気がする。だからそこに足を運べば、当時の自分と顔を合わせる思いがする。「その後どう？」と声をかけてくる。「まあまあかな」と答えれば安心し、「いや、大変だよ」と言えば泣きそうな顔をする。

あるいは、それは河畔砂丘から聞こえてくる声なのかもしれない。砂丘の下には古い記憶が眠っている。誰の声なのかわからない。「自信を持つにはどうしたらいいかな？」と逆に問えば、果たして声の主は答えてくれるだろうか。

飯積河畔砂丘

旧北川辺町・現加須市

十八歳の頃から、夢に向かってがむしゃらになっている人を見るのが好きだった。ミュージシャン、画家、管理栄養士、美容師、弁護士など、あの頃僕の周りには多くの卵たちがいた。その中に留学を夢見る同級生がいた。

彼女は羽生に住んでいたこともあって、僕らはよく駅前の居酒屋に行っては互いの夢を話した。修学旅行でオーストラリアへ行ったのをきっかけに、留学を夢見るようになったという彼女。都内の短大を卒業後、彼女はバイトをしながら外国へ行く資金を貯め、情報収集と勉強に時間を割いていた。

僕はその頃会社勤めをしながら小説を書き、出版社に送ったり詩人の正津勉先生に読んでもらったりしていた。書いた作品は彼女の目にも触れ、駅前の居酒屋で感想をもらったこともある。僕は自分を話題にしたり語ったりするのが得意ではない。しかし、彼女の前では不思議と自分の夢を語れた。

結果はなかなか出ないものだ。世の中思うようにはいかないらしい。二十代にもなれば嫌でもその現実を思い知る。悔しい想いをしたことは少なからずあったし、諦めに似た気持ちになったことも一度や二度ではない。

自信のあった作品がボツになったことは数えきれない。郷土史に興味を持つと、異口同音に地味で年寄くさいと言われた。そんなものを勉強して何の役に立つのかと鼻で笑われたこともある。若い頃の正津先生のように、目の前で原稿をごみ箱に捨てられることはなかったものの、「作家になれるわけがない」と面と向かって言われたこともある。作家になるのは高学歴の人。高学歴の人でも難しい。それをお前なんかがなれるわけがない、と学歴主義を突き付けた人もいた。

夢追い人の彼女も少なからず悔しい想いをしたらしい。多くの人が応援者のわけではない。夢追いを端《はな》から否定する人もいる。論理的かつ現実的に諭そうとする。若い僕らはそれに対抗するだけの理論を持たず、聞けば聞くほど自分が間違っている気がしたものだ。それでも夢を諦めたり、見方を変えようとしなかったのは、無鉄砲なひたむきさがあったからかもしれない。

夢追い人にとって、「三十歳」は一つの区切りだと思う。その年までに結果を出せなかったら夢を諦める。あるいは見方を変える。そう考えている人は多いのではないだろうか。少なくとも、僕の周囲の夢追い人は「三十歳」を一つの区切りとしていた。僕もそうだったし、彼女もまた例外ではなかった。

そんな彼女とは、三十歳を迎える前に連絡を取り合わなくなった。二十三歳のときだ。ちょっとしたきっかけでそうなったのだが、ケンカ別れではないし、恋愛が絡んでいたわけでもない。まるで互いが互いの役目を終えたかのように、自然と離れてしまった。

いつかまた会うかもしれない。それとももう二度と顔を合わせる機会はないかもしれない。僕はそう割り切った。その頃僕は環境の変化を迎えていて、友人関係も例外ではなかったから、彼女との距離感もその一環だと思った。

時々、彼女のことが思い浮かんだ。いまも夢を追い続けているだろうか。あるいはもう夢を叶えたのだろうか。決まって気になるのは彼女の夢の結末だった。

そんな彼女から電話が鳴ったのは、僕らが三十歳になったときだ。まるでその年になるのを待っていたかのように、僕らは再び顔を合わせた。外国から帰ってきたという彼女。つまり彼女は夢を叶えていた。いまは羽生にいて、日本語教師の職に就いているという。

七年ぶりに再会した彼女と砂丘を見に行った。飯積《いいづみ》河畔砂丘。なぜその砂丘だったのか覚えていない。城（倚井陣屋）を見に行くついでだったのだろうか。夕暮れどき、砂丘の上に立つ彼女は二十代前半の頃とは違う空気を身にまとっていた。知っているようでまるで知らない他人のようだった。過去と現在が交錯する。逆に、三十歳の僕は彼女の目にどんな風に映っていただろう。合った視線を思わずそらした。

飯積河畔砂丘は旧北川辺町（現加須市）の飯積に横たわっている。この「飯積」という地名は、自然堤防の小高いところにできた集落から起こったとする説がある。すなわち、「イー」は小高い土地を指し、「ヅミ」は居住を意味するという（『埼玉県地名誌』）。

利根川が流れる飯積には自然堤防があり、河畔砂丘も形成されている。そんな場所に集落ができたから、「飯積」の地名が起こったのだろう。一方で、御諸別王《みもろわけのおう》が合戦をする際、ここで飯を炊いたとの伝説もあるが詳しくは触れない。

飯積河畔砂丘の長さは約五百二十メートル、幅は百メートル。小規模な河畔砂丘だ。往古はもっと長く、あるいは高く連なっていたのかもしれない。

砂丘の上には民家が並んでいる。遍照寺というお寺もあり、かつて大水が出たとき、住民は牛に荷車をひかせ、避難場所として使ったという。また、県道三六九号からは、ひときわ高いところに建つ社殿を見ることができる。この高まりも河畔砂丘の一部だろう。工場や県道が通っているため、消滅した砂丘は少なくないと思われる。

閑静な地域だ。雨のそぼ降る日に足を運べば、静けさがより一層増す。県道から外れると、観光地ではないから通り過ぎる人や車もまばらだ。落ち着いた気持ちで河畔砂丘と対面できる。

現在、飯積河畔砂丘の南側を利根川が流れている。が、かつては分岐して砂丘の北側を流れ

飯積河畔砂丘

ていた。合の川と言い、その流路跡は現存している。良好に残っているため、何も知らずとも、ひと目見ただけでそこに川が流れていたことがわかるだろう。旧北川辺町と板倉町の境目にもなっている。

合の川跡は陸地化し、田畑として利用されている。場所によっては沼や池が残っており、釣り堀と化しているところもある。また、現存する堤防が合の川の存在を引き立たせている。旧流路跡は利根川の変遷の歴史を物語るものだ。対面してとことん語り合いたい。

なお、この地域には「飯積遺跡」がある。大高島地区防災ステーショ

飯積遺跡

ンが建っている場所だ。発掘調査でおよそ二百五十軒余りもの住居跡が発見された。古墳時代から奈良・平安時代にかけて営まれたムラだった。大水の被害を何度も受けたこともわかり、それによってムラの位置を変更せざるを得なかったらしい。

　しかし、いつの時代も人間の生命力はたくましい。大水によって住居数が激減しても、その後ムラは見事復活を果たしている。災害に負けることなく、再びムラを営んでいるのだ。

　これは、自然災害と隣り合わせに生きる現代の我々にも勇気を与えてくれるだろう。いまも昔も大水は大きな脅威だった。低地に住む以上は避けて通ることができず、常に向かい合って生きていかなければならなかった。

そうした古代の記憶は大切だ。現代と過去が決して分断されているわけではないことを教えてくれる。歴史は遠い日の出来事だけではない。歴史が伝える災害の記憶を現代に活かすことは、歴史を学ぶ意義の一つに数えられる。

なお、飯積遺跡は「国境の集落」でもあった。いくつもの川が複雑に流れていたため、河川交通の「結節点」だった。複数の国境であり、それぞれの文化や情報が入ってきていた。どんな人々が行き交っていたのだろう。閑静な地域だが、耳を澄ませば往古の賑やかさが聞こえてきそうな気がする。

現在の飯積遺跡は土手下にある。集落や住居跡を見ることはできない。ただ、河川防災ステーションの敷地内には、飯積遺跡を示す標柱や案内板が建っているから見付けやすい。とはいえ、砂丘も遺跡も一般的にはよく知られていないかもしれない。饒舌ではないし、こちらから意識しなければ何も聞こえてこない。

しかし、往古の川の流れや人々の交流、また災害を伝えるものがたくさんある。それはいまを生きる我々にとって耳を傾けるべき内容だろう。飯積は過去・現在・未来を結ぶ「結節点」と言えるのではないだろうか。

そんな飯積に立ったとき、彼女と僕は三十歳という一つの区切りの中にいた。彼女は青年海外協力隊に参加し、数年間スリランカで暮らしていたという。

僕が耳にしたことのない言語を彼女は話した。それはシンハラ語だった。インドカレー店に行けば、店主と外国語で和やかに会話。僕には何を話しているのかさっぱりわからない。

図書館でシンハラ語辞典を開くと、全く読むことのできない言語が記されていた。それを収得するまで、彼女はどれほどの時間を費やしたのだろう。彼女自身はそれを「努力」とは言わないかもしれない。でも、それは血が滲むような努力だったのではないだろうか。七年という長くも短くもない歳月を感じるのはそんなときだった。

彼女に聞かれて、僕は自分のことをポツリポツリ話した。「ちゃっかり夢を叶えているね」と彼女は言った。正直僕はわからなかった。叶えたのかそれともまだ夢の途中なのか。そのとき僕は曖昧に笑ったのだと思う。

僕らは駅前の居酒屋ではなく、個性派の小さなラーメン屋やインドカレー店で、七年間の歳月を埋めるように言葉を交わした。三十歳が一つの区切りだとしても、そこが終わりというわけではないことはわかっていた。僕らはこれからどんな夢を描いていくのか。どんな風に夢の延長線を引いていくのか。

しかし、僕らは二十代のときのように熱く夢を語ることはなくなっていた。もう少し現実的な物の見方をするようになっていたと思う。いや、それは僕の方だけで、彼女はずっと現実的に生きてきたのかもしれない。ときどき彼女越しに自分の二十代がかすんで見えた。その僕はどこまでも無鉄砲で、幼く、無謀だった。

僕らを取り巻く環境はどんどん変わっていく。三十歳もあっという間に過ぎ、急かされるように流れていく歳月の中で彼女は結婚した。やがて子どもが産まれ、二児の母親となった。そして日本を離れ、外国で暮らしている。彼女は二十代とは別の視点で世界を見ているのだろう。少なくとも守るべきものが過去とは違っている。川のように時の流れが「あの頃」を遠ざけている。

飯積河畔砂丘はいまも変わらず横たわっている。その砂丘を目にすると、三十歳の僕らが思い浮かぶことがある。三十歳という年齢が、「もう」なのか「まだ」なのかはわからない。ただ僕はその年を迎えたとき、前から思い描いていた未来の一つに辿り着いた気がした。結節点である飯積に立った僕らは、どんな「現在」に身を置いていたのだろう。そして、その後どんな流れで日常を送っているのだろう。

夢追い人は、叶ったにせよ叶わなかったにせよ、その延長線上を生きているのだと思う。夢を追い、そこに情熱を傾けた過去はまぎれもない事実だ。例えそれを後悔しても、そこからつながる縁が「現在」にはある。夢を追えたこと自体が幸せなのだ、と誰かが言っていた。

母親になった彼女は、もっと大きな夢を追いかけているのかもしれない。そしてその夢を誰かに語っているだろうか。二十代の頃に彼女が燃やしていた情熱は、いまも遠くで僕を刺激し続けている。

原道河畔砂丘

旧大利根町・現加須市

息子は一歳数か月の頃から河畔砂丘に通っている。と、言っても、自分の意志ではない。父親の僕に連れられてのことだ。

僕が出掛けようとすると息子は泣く。だから同伴させることが多い。休日に必要あって近場の史跡へ行くとき、息子をチャイルドシートに乗せる。家族全員で出かけるほどではない。息子と二人でふらり出掛ける。

利根川沿いに分布する河畔砂丘には、あらかた息子は足を運んだかもしれない。「原道《はらみち》河畔砂丘」もその一つだ。

幼子が目を見張る場所ではない。はしゃぐ場所でもないだろう。その目には、地面の高まりにしか映っていないはずだ。むろん「河畔砂丘」を理解しているはずもない。それでも父親と出掛けることを嫌がらないのは、単なる年齢的なものに違いない。物心がついたとき、誘って一緒に行くかどうか甚だ疑わしい。

原道河畔砂丘は、旧大利根町（現加須市）の砂原《すなはら》から細間《ほぞま》にかけて連なっている。『中川水系Ⅰ・Ⅱ』によると、砂丘の全長は千四百メートルで、最大幅百八十メートルとなっている。特に比高に特徴がある。低地との比高は一一・三メートルもあり、「中川水系の河畔砂丘の中では最大の値」と同書は述べている。

全長が千四百メートルもあるのだが、開発と無関係なわけではない。文化財に指定されているわけではなく、保存状態がいいわけでもない。しかし実際に足を運べば、砂丘の高まりを目にすることができる。

「砂原」の地名からして古利根川の匂いがする。羽生市の「砂山」と同じ匂いかもしれない。『新編武蔵風土記稿』によると、砂がたまった地域を開拓したので「砂原」の地名がついたという。ここで言う「砂」は、利根川の土砂によって形成された自然堤防や河畔砂丘を指すのだろう。

砂原に鎮座するのは鷲神社。境内に立ち、視線を地面に向ければ砂が広がっていることに気付く。

利根川はかつてこの神社の西側を流れていた。加須市の外野付近で南下した利根川の流れだ。「浅間川」と呼ばれている。鷲神社から西を向いたとき、この浅間川が見えたのだろう。広い川だったらしい。戦国時代は、浅間川の流れる旧大利根町間口（現加須市）は渡河点の一つで舟橋が架けられた（「相州文書」）。舟橋を架けなければならないほどの川幅と深さがあったということだ。原道河畔砂丘の具体的な形成時期は不明だが、そうした浅間川が運んだ土砂と季節風によって河畔砂丘が形成された。ちなみに鷲神社境内には弁財天が祀られている。ここには人柱伝説が伝わっており、浅間川との関係を示すものだ。伝説については別項にて詳述した（人柱伝説編「砂原の弁財天」）。

砂丘周辺には民家が建ち並んでいる。工場も多い。ひときわ高い砂丘のすぐ目の前は会社だ。浅間川が流れていた頃には想像もできなかった光景だろう。浅間川は天保九年（一八三八）に締め切られ、現在は消滅している。

砂丘と工場。浅間川の消滅。現存と消滅する河畔砂丘。閑静な地域だが、押し寄せる時代の波と無関係ではないことが察せられる。どんなに望んでも時間を止めることはできない。時代は川のように流れていく。次代へ伝えていくか、それとも消滅するか。原道河畔砂丘は時代の狭間の中を今日も横たわっている。

ところで、原道河畔砂丘の上に立った息子は妙にニコニコしていた。何か面白いものを見付けたらしい。周囲を見回したが、大人の僕には何が心をくすぐっているのかわからない。

息子は僕のあとをついてくる。初めて立つ地に警戒しているのかもしれない。たどたどしい足取りで歩き、時折地面に転がっている石や葉っぱを拾う。民家の敷地内から飼い犬が鳴けば

原山河畔砂丘

立ち止まり、歩行者とすれ違えばじっと見つめる。息子と砂丘、砂丘と息子。僕は交互に視線を走らせ、車が来れば息子を抱き上げ、自転車が近付けば手をつなぐ。砂丘に集中し、古利根川と語り合うことはできない。しかし、一緒の史跡巡りは嫌いではないし、息子がどんな表情でどう反応するのかを見るのは楽しくもある。

しかし、父親と砂丘へ行ったことなどやがて忘れてしまうのだろう。そのとき撮った写真を見せても、「ここどこ?」と首を傾げるのに違いない。父親としては過剰な期待はしていない。忘れてしまうのが自然であって、覚えていたら何が息子をそうさせたのかが気になるところだ。

息子と原道河畔砂丘を歩いていたら、ポツリポツリ空から雨が降ってきた。息子を抱き上げて車まで走る。三十五歳を過ぎると、幼子を抱えての駆け足は決して楽ではない。しかし、息子は父親の苦労を知らず可笑しそうに笑っていた。

旧栗橋町・現久喜市

高柳河畔砂丘

四列の砂丘から成る高柳《たかやなぎ》河畔砂丘。国道一二五号線を通って高柳を訪れても、砂丘らしきものを見付けることはできない。国道を逸れ、細い道に入れば砂丘と出会うことができる。目印としては香取神社が挙げられる（この香取神社は、社殿の漂着をきっかけに祀られたという伝説がある）。

香取神社の本殿は小高い砂丘の上にある。その周囲は民家や会社が建っているが、かつて砂丘は波のように連なっていたのだろう。その名残とも言える砂丘が香取神社の近くに残っているが、いまや陸上の孤島といった印象を否めない。

『中川水系Ⅰ・Ⅱ』によると、最高点の標高は一八・七メートルで、最大列の長さは八百五十メートル。幅は七十五メートルとなっている。四つの列は直線状に平行に並ぶとあるが、開発のため確認するのも難しくなっている。

この高柳河畔砂丘では、砂丘の基部から墓が発見されたことに特徴がある。そこから人骨と土器片が出土。土器片は中世のものという。つまり、高柳河畔砂丘は中世以降の形成と考えることができる。

ところで、かつての高柳は利根川が合流する地域だった。羽生市で二つに分かれた流路（会の川）が、高柳で北からの流れと合わさっていた。流れの一つは西に張り出すように大きく蛇行していた。現在も中川でその流路の名残を見ることができる。

川が合流するということは、逆にそれぞれルートがあることを意味している。つまり、水運の要衝地として捉えられる。

それを裏付けるように、戦国時代の高柳には高貴な人物が居住していた。その一人は、古河公方足利政氏の子空然《こうねん》（のちの足利義明）だ。鶴岡八幡宮若宮別当職「雪下殿」の地位にあった空然は、一時期高柳に住んでいた。そのため「高柳殿」と呼ばれた。

その御座所は定かではないが、宝聚寺《ほうじゅじ》付近にあったという。宝聚寺は現存しており、その山門はかつて十王というところに物見櫓として使用されたと伝わる。

空然は永年高柳に住んでいたわけではない。のちに小弓城（現千葉県千葉市中央区）に移り、「小弓公方《おゆみくぼう》」と呼ばれた。そして兄高基《たかもと》との対立の中、第一次国府台合戦でこの世を去っている。

その後、天文年間（一五三二～五五）には、古河公方足利晴氏《はるうじ》が高柳に御座所を移したことがあった。安保晴泰に宛てた四月十日付の書状に高柳への移転が記されているが（「安保文書」）、移った理由はよくわかっていない。勢力を伸張していく後北条氏の影響が関係していると思われる。

古河から座所を移すということは、余程の理由があってのことだろう。移転先がどこでもよかったわけではない。政治的・軍事的に利のあるところを選ぶ。高柳を選んだということは、

香取神社

そこが川の合流地点であり、水運の要衝地であったことは理由に含まれよう。すなわち、高柳は政治的にも軍事的にも注目される地域だった。
そんな高柳に河畔砂丘は横たわっている。開発によって多くの砂丘が消滅してしまったが、歴史を背負って今日も横たわっている。その下には空然や足利晴氏たちの足跡や想いが眠っているだろうか。
ちなみに、先に触れた香取神社の境内には、巨大キノコ（ニオウシメジ）が生えたことで話題になったことがある。思わず足を止めてしまうほどの大きさだ。スーパーマリオも驚くだろう。このキノコはメディアにも取り上げられ、遠方から

見学しに来る人も多かったのに違いない。この巨大キノコは埼玉県立自然の博物館の学芸員によって採取。保存処理をしたあと、同館に収蔵されたという。砂丘とキノコ。どちらも埼玉県東部の自然を物語る貴重な資料と言える。

ところでキノコはなぜ巨大化したのか。もし高柳の地に眠る歴史を養分にしているとしたら、なるほど巨大化したのも頷ける。

香取神社境内で生えた巨大キノコ

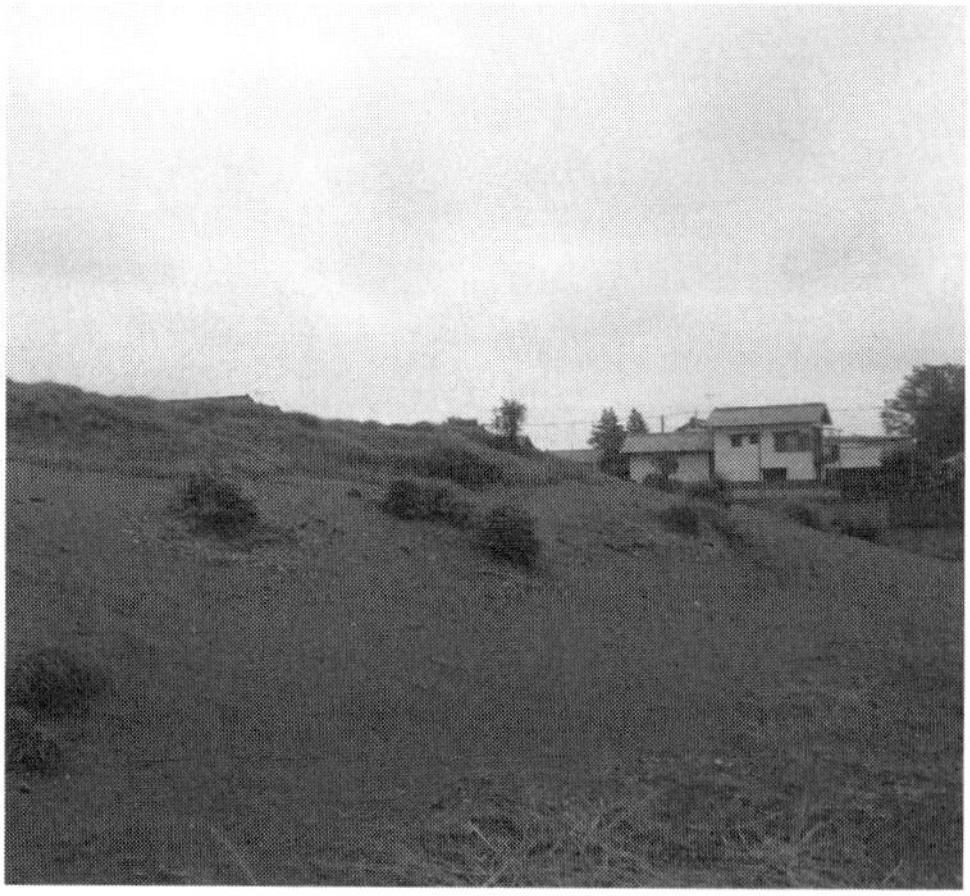

現存する砂丘

西大輪砂丘

旧鷲宮町・現久喜市

西大輪《にしおおわ》の砂丘は高柳河畔砂丘の南側にある。埼玉県久喜市に位置し、いまも砂丘を目にすることができる。

『中川水系Ⅰ・Ⅱ』では西大輪河畔砂丘について四列の砂丘を記載している。最高点の標高は一七．二メートル、低地との比高は六．六メートルで、最大列の長さは千六百メートルにも及ぶという。

久喜市八甫《はっぽう》から西大輪、東大輪に分布し、「鷲宮砂丘」や「新井砂丘」とも呼ばれている。が、本書では平成二十八年（二〇一六）に埼玉県の天然記念物に指定された「西大輪砂丘」の名称を使用したい。

河畔砂丘を貫くように県道三号線が通っている。県道沿いには住宅や会社、飲食店や施設などが軒を連ねて賑やかだ。県道を走りながら周囲に視線を配らせていると、ひときわ高く地面が盛り上がっている場所がある。そこが砂丘だ。県道の敷設工事の際、切り崩された砂丘は少なくなかっただろう。かつてはうねるように砂丘が連なっていたのに違いない。

砂丘は県道に面しているから自ずと視界に入ってくる。白羽の矢が刺さるように、そこに目線が留まるかどうかはその人の関心による。もしも目線が砂丘に留まったとき、砂丘からの矢があなたの心を射抜くかもしれない。

西大輪砂丘

観察しやすい砂丘だからと言って、誰しも興味を持つとは限らない。見た目にはただの地面の高まりにすぎない。何の価値も見出さない人は少なくないだろう。地域住民であってもその例外ではない。

かつて旧鷲宮町（現久喜市）に住む人と会ったことがある。友人の知り合いだった。絵描きの友人とその人は高校時代に部活が一緒で、卒業後も定期的な集まりがあったから、二十代半ばになっても連絡を取り合っているという。

東鷲宮駅で彼女と待ち合わせた。僕がその人と会うことになったのは、彼女がよく本を読む人だからという理由だった。僕の書いた原稿を一度読んでもらった方がいい。そんな友人の提案で僕は彼女に作品を送り、その感想を旧鷲宮町でもらうことになったのだ。妙な縁だったと思う。緊張と不安を抱えて旧鷲宮町へ足を運んだ。

友人と彼女の三人でファミレスに入り、夕食を食べながら僕は原稿の感想を貰った。律儀で真面目な人だったのだろう。彼女は都内の会社に勤めていたが、会ったことも素性も知らない僕の原稿を読み、きちんと感想を述べてくれた。

そのとき読んでもらったのは二作品だった。一つは羽生城を素材にした歴史小説、もう一つは恋愛絡みの現代小説だった。おおよそ好意的な評価だったのは、僕に遠慮してのことだったのかもしれない。ただしそれは後者のみで、前者に対してはかなり辛辣だった。つまらない、眠い、読むのが苦痛。婉曲的な表現だったものの、彼女が言いたかったのはその三点だった。

歴史に関心がないと言った彼女。ましてや羽生城という郷土史を素材とした小説は、とっつきにくいこと限りなしだっただろう。「だからあまり参考にしないでね」と、彼女は僕をフォローするように言った。

僕は礼を言った。忙しい時間を割いて作品を読み、感想までもらったのだから文句を言えた筋合いではない。実際に腹も立てなかったし、不満もなかった。

実は、この二作品については別の人からの感想を貰っていた。それは彼女とは全く真逆の評価だった。年齢も性別も違う。人生経験やものの見方、興味の対象や読む本がまるで違っている。歴史小説を評価し、恋愛小説は鼻にもかけなかった。読む人によってこれほど感想が違うものなのかと、不思議な気がしたし、腑に落ちた気持ちもした。

　原稿の話が終わったあとは歓談だった。と言っても、友人と彼女の共通の話題が多かった。友人が描く絵の進捗状況や高校時代の思い出、最近あった出来事や彼氏の話などが話題にのぼった。むろん、歴史の話が出てくることはない。僕もあえて話さなかったし、それを望んでいたわけでもなかった。友人が郷土史ネタを僕に振ったが、膨らむことはなかった。河畔砂丘や戦国時代に舟運で賑わっていた旧鷲宮町。ネタは豊富にあっても、彼女の口からその手の話題が上がることは一度もなかった。おそらくそれが自然のことだったのだろう。


　現在の景観からは想像もできないが、西大輪付近は河川交通の要衝地だった。戦国時代には、「鷲宮関」という関所が存在したことでも知られる。利根川に設けられた河関で、迦葉院というお寺がその跡地と伝えられる。

　鷲宮関はまたの名を「霞が関」ともいい、川を行き交う人や船から関銭を徴収していた。監視の役割も担っていたはずだ。緊急ならば人や船を通さないことも可能だっただろう。

　この河関は、古河公方足利晴氏《あしかがはるうじ》が鷲宮神社の神主に宛てた安堵状の中に登場する。「武州太田庄鷲宮関」と書き記され、その内容は鷲宮神社の神主に関所役と町役を安堵するというものだ（「大内良一氏所蔵文書」）。このことから鷲宮神社が河関を管理したことがうかがえるし、晴

宝泉寺池

氏の政治的意図も透けて見える。

なお、近隣の八甫《はっぽう》は商船が頻繁に運航していたことで知られる。戦国時代後期には商船三十艘が八甫まで上ってきたという（「武州文書」）。時には兵糧や武器の運搬もあったはずだ。河川交通の要衝地である八甫は、後北条氏にとって北関東への勢力伸張の拠点になっていたことは想像に難くない。八甫は八つの浦があることからその名が付いたという（『新編武蔵風土記稿』）。政治的にも軍事的にも着目される地域だった。

また、河畔砂丘付近には「蛇田堤」や「宝泉寺池」と呼ばれるものがある。蛇田堤は南流する利根川を締切った堤、宝泉寺池は利根川の決壊によってできた池（押堀）だ。後者は利根川の旧流路跡でもあり、ここから南下したところに迦葉院がある。つまり河関があったわけだが、川の分岐点である宝泉寺池付近に存在していたとしてもおかしくはない。

このように西大輪砂丘が横たわる場所は、古くから川に深く関係していた。砂丘はあるべくしてあるといった印象を受ける。複雑に流れる川の営みを物語るものの一つに数えられよう。

そんな西大輪砂丘は、平成二十八年（二〇一六）三月十五日に埼玉県の文化財（天然記念物）に指定された。これを機に見学に来る人が増えたかもしれない。ただの地面の高まりが、意味深に目に飛び込んでくる感覚を覚えた人も多いだろう。羽生の桑崎砂丘や加須の志多見砂丘の文化財指定といい、その価値が改めて見直されている。地味ではあるが耳を傾ければ熱く語りかけてくる。今後、西大輪砂丘は地域の歴史を饒舌に伝えていくのに違いない。


そんな言葉が、旧鷲宮町に住んでいた彼女の耳に届いたのかはわからない。歴史や郷土史といったものに、無関心のままの可能性は高い。

僕らがたった一度だけ会った二十代半ばの頃、彼女は「ダーツ」に関心を寄せていた。的に手投げの小さな矢（ダーツ）を当てて点数を競うゲームだ。食事を済ませたあと、僕らが次に向かったのはダーツで遊べる店だった。

店内で彼女が取り出したのはマイダーツ。彼女の手のサイズに合わせて特別に作ったものらしい。世間知らずの僕は、この世にマイダーツなるものが存在することすら知らなかった。むろん遊んだこともない。絵描きの友人も初めてだったらしい。彼女は僕ら相手では物足りなかったと思う。マイダーツを持っているだけに、彼女の腕は確かだったしフォームも美しかった。

彼女が圧勝だったことは言うまでもない。

人にはそれぞれの的がある。例えば僕は「古利根川」という的があるが、彼女にはない。僕がどんなに古利根川の矢を放っても、彼女の心を射抜くことはできない。僕の書く文章は、いまも彼女の心には届かないのだろう。逆に彼女が放つ矢は、僕には刺さらないのかもしれない。

ただ、マイダーツのことはよく覚えている。僕の下手な原稿を読み、感想を話してくれたことも。たった一度しか会ったことがなくても、印象に残る人とそうでない人の違いは一体何なのだろう。西大輪砂丘を目にすると、美しいフォームで投げる彼女のダーツが心をかすめて飛んでいく……。

青毛河畔砂丘

久喜市

青毛《あおげ》河畔砂丘は、同じ久喜市内にある西大輪砂丘と比べてわかりにくい。僕は初めて足を運んだとき、砂丘となかなか出会うことができなかった。

『中川水系Ⅰ・Ⅱ』によると、青毛河畔砂丘は三列の砂丘から成っている。最大列の長さは七百二十メートルで、幅は七十メートル。低地との比高は二・五メートルほど。

周囲は閑静な住宅街になっており、近くには学校やお寺がある。ぶらぶら歩けば通学・下校途中の児童たちとすれ違う。青毛河畔砂丘を目指すとき、常楽寺や天神社、久喜市立青毛小学校が目印になるだろうか。

住宅街とはいえ、砂丘の北側を葛西用水路が流れている。用水路の周辺は田んぼが広がっており、用水路沿いを歩きながら注意深く辺りに視線を配っていると、小高い砂丘を見付けることができる。

往古はもっと高く連なっていたのだろうか。それともあまり発達することなく形成を終えたのか。この地域で育った昭和二十九年（一九五四）生まれの義母に話を聞いても、砂丘の存在

青毛河畔砂丘

すら知らなかったという。地元住民にとって砂丘との距離感は遠いのかもしれない。
　夏の夕方、青毛河畔砂丘を求めて一人探し回ったことがある。史跡を探しているときは案外楽しいものだ。目を光らせ、アンテナを高く張り、勘を働かせてあちこち歩く。どうしても見付からないときはすれ違う人や、畑仕事をしている古老に尋ねる。幼い頃にやったロールプレイングゲームのように、秘密の在処《ありか》を探しに行くときのワクワク感に似ているかもしれない。
　青毛河畔砂丘は、古利根川沿いに存在する砂丘の中でもマニアック度は高いと思う。だからこそ熱い視線を注ぐ人もいるのに違いない。開発がだいぶ進んでいる青毛河畔砂丘だが、その声に耳を傾ける価値はまだ十分にある。

高野砂丘

杉戸町

杉戸町を悠々と流れているのは大落古利根川《おおおとしふるとねがわ》。現在は排水路だが、かつては利根川の本流だった。

大落古利根川は昌平中学・高等学校付近の葛西用水路に架かる葛西橋を起点としている。この川に沿うように河畔砂丘が横たわっている。これを高野《たかの》砂丘という。平成二十九年（二〇一七）三月二十四日には「中川低地の河畔砂丘群 高野砂丘」として、埼玉県の天然記念物に指定された。

『中川水系Ⅰ・Ⅱ』によると、最大列の長さは二千八百メートルにも及び、最高点の標高は一四．四メートル。砂丘上には住宅が建ち並んでいるが、いまなお独特の存在感を放っている。高野《たかの》砂丘の特徴の一つとして、砂丘下に埋没する古堤防が挙げられる。自然にできたものではなく、人工的な堤防だ。砂丘の形成以前に、住人たちが集落を守るために築いたものと考えられる。発掘調査により、七．二メートルの高さを持つことが確認された。最初に小さく土を盛ったあと、粘土と砂混じりの粘土、また粘土混じりの砂を交互に積み上げていったらしい。遺物も出土しており、古墳時代から奈良・平安時代にわたる土師器や須恵器だったという。河畔砂丘がこの人工堤防に土砂がたまって形成されたとすれば、平安時代以降ということになる。

『吾妻鏡』に気になる記述がある。それは建久五年（一一九四）と建長五年（一二五三）だ。前者は太田荘の堤の修固がなされ、後者は清久保行らが下河辺荘《しもこうべのしょう》における築堤の奉行人に定められたという。この記述と杉戸町の人工堤防が直接結びつくわけではないが、無関係とも言い切れない。為政者やそこに暮らす人々にとって、堤防は重要なものとして認識されていたことがうかがえる。

なお、高野砂丘の上から出土したという板碑がある。その板碑に刻された年号は長禄三年（一四五九）。ということは、長禄三年頃に河畔砂丘の形成は終了したことになろう。

しかし、出土した位置は定かではなく、出土についても諸説あるようだ。砂丘内に潜んでいた人工堤防から出土したとも言われている。参考になるにしても決定的な資料とまではいかない。今後、砂丘形成を物語る資料が発見されたならば年代は狭まっていくはずだ。

ところで、高野砂丘の上をなぞるようにして鎌倉街道中道《なかつみち》が通っている。鎌倉街道とは、鎌倉時代に武士たちが使った鎌倉につながる道のこと。その内の「中道」は鎌倉から奥州方面につながる道で、その途中に杉戸町域を通っていた。

杉戸町では利根川が流れている。鎌倉街道中道はこの利根川を越えて伸びている。どこで交

杉戸町を流れる大落古利根川

差していたか？　それは現在の万願寺橋付近と言われる。往古は「高野の渡し」と呼んだ。なぜ「高野」なのか？　実はこの地域では「利根川」は「高野川」と呼ばれていた。したがって渡し場の名前も「高野の渡し」。

　かねてより重要視された渡河点だった。寿永二年（一一八三）に源頼朝に反旗を翻した志田義広《しだよしひろ》は、野木宮（現栃木県野木町）で小山朝政に敗北を喫す。このとき、下河辺行平《しもこうべゆきひら》と同政義《まさよし》は、古河ならびに高野の渡しの守りを固めた（『吾妻鏡』）。渡し場を守るとともに、敗走する志田義広の兵を待ち構えて討ち取ろうとしたのだ。

　なお、高野の渡しには古くから橋が架かっていた。元亨四年（一三二四）のこと、この辺りを支配した称名寺《しょうみょうじ》は、鎌倉幕府から高野川に架かる橋の「沙汰」を命ぜられている（『金沢文庫文書』）。架橋が一般的ではなかったこの時代に橋が存在し、幕府も把握していた。「沙汰」の具体的な内容は定かではないが、称名寺が橋を管理し、同時にお金を徴収して収入源の一つとしていたのだろう。

この橋の存在を裏付けるものとして、江戸時代には古利根川から古杭が発見された（『新編武蔵風土記稿』）。かつて称名寺が管理していた橋の一部だったのだろうか。

村人はこの杭を抜こうとした。ところが、地中深く食い込み、どうしても引き抜くことができない。そこで杭頭の一部を切り取り、臼にして使ったという。

それから時が流れて大正時代。古杭は再び発見された。目に留まれば引き抜きたくなるのが人情らしい。人々はまた引き抜こうとする。かつては抜くことのできなかった杭だが、今回は難なく成功。スルスルと抜けた。

そこでどうしたか？　七枚に割って有志者に配ったという。記念品みたいなものだろうか。その後の使用用途は不明。それを「資料」として大切に保存する人もいれば、あるいは臼のように実用的に利用した者もいたかもしれない。

興味深い逸話だ。綺麗に七枚に分割したのだろうか。「ドラゴンボール」のように、もしも七枚が合わさったときに何かが起こる……といったファンタジックな想像を膨らませてしまうが、その手の伝承はないようだ。

杉戸町を流れる大落古利根川。そしてそこに隣接するように横たわる河畔砂丘。川はゆるやかに流れ、砂丘は静かに佇んでいる。決して目を引くものではないが、視点を変えれば砂丘は僕らの胸に迫って来る。

杉戸町は水運、陸路ともに交通の要衝地であり、古くから人々が行き交っていた。そこには多くの人間ドラマがあったはずだ。先に見た渡し場を守る武将がいれば、古杭を見付けてそれを引き抜く人々の姿もあった。また、杉戸町には「西行法師見返りの松」と呼ばれる伝説がある。その昔、西行法師が杉戸に立ち寄ったらしい。それぞれの時代に生きる人々がいて、その横に川が流れている。河畔砂丘は物言わず、彼らを見つめていたのかもしれない。

地域の歴史に触れた瞬間、何気なく流れている川は坂東太郎の異名を持つ大河に変わる。その流れは雄大で留まることを知らない。時代を生きた人々の姿を映し出し、そしてこれからもさまざまな人間ドラマをその流れに乗せていくのだろう。

平成二十九年（二〇一七）三月に埼玉県の天然記念物として指定された高野砂丘。文化財指定は一つの歴史的な出来事に数えられよう。「現在」は「過去」を反映しているもの。すなわち歴史が積み重なって現在がある。砂丘を形成する砂の一粒一粒は、これまで流れてきた「時」を表しているのかもしれない。

高野砂丘上に鎮座する社

万願寺橋

あとがき

いつか利根川に関する本を書きたいと思っていました。幼い頃から遊び場だった利根川。また、地域の歴史に興味を持つきっかけとなったのも利根川です。楽しいときも辛いときも、川はいつもそばにいました。

利根川沿いには、多くの伝説や史跡があります。それを知ってから、僕の中で歴史熱が右肩上がりに上昇していきました。住民にもほとんど知られていないことや、人があまり目を向けていないもの、そうしたものに惹かれる僕は、地域に眠る「知られざる秘密」に魅了されてしまいました。自転車に乗って伝説や史跡を訪ね回り、ときたまパトロール中の警官から職務質問を受けた二十代の日々は、いまとなっては楽しい記憶です。

とはいえ、葛藤が何もなかったわけではありません。「こんなことを調べて何になるのだろう」という想いは常に心の片隅にありました。しかし、押し寄せる好奇心がそんな懸念を押し流しました。その後も好奇心の波が尽きることがなかったのは、地域にたくさんの魅力があったことや、郷土の歴史を研究し続ける先生や先輩方、関係者の方々との出会いがあったからだと思います。

利根川には何度興奮させられたかわかりません。調べるごとに、新しい視点やテーマを得ます。特に、独立した点のように見えていた地域の歴史が、利根川をキーワードに他地域と結ばれることは大きな魅力の一つでした。それぞれが密接に関連し合い、連動している。「点」だったものが「面」として見えてくる。と同時に、新たな謎も発生する。興奮を通り越して感動したことは何度もありました。

利根川の存在はあまりにも大きく、一筋縄ではいきません。しかし、気が付けば利根川の持つ奥行きの深さと魅力にすっかりはまり込んだ次第です。

点と点がつながるのは「歴史」だけに限りません。実は人と人ともつながっている。そのことに気付いたのはいつだったでしょう。親しい友人や、記憶に印象深く残っている人たちを辿っていくと、ほとんどが利根川でつながっていました。まるで、川が一本の糸のようにそれぞれを結んでいるのです。

人との縁は不思議なものです。例え共通点がないように見えても、実は川でつながっているのですから。出会うべくして出会い、別れるべくして離れていく。そんな点（人）をつなぐ線（川）に気付いたとき、「結びつき」を感じました。本書に僕自身のエピソードを盛り込んだのは、そんな「結びつき」に触れたかったからかもしれません。

ところで、自著は一度流通に乗ればどんどん離れていきます。それはまるで川に流されていくかのようです。

それ以降は「漂流」に似ているのかもしれません。どこに流れていくのか、どんな人の手に渡っていくのか定かではありません。ゆらりゆらり漂っていく……。

だから、人が本を手に取った時点で一つの縁なのかもしれません。漂着するように、何かの縁によってその人の手に渡る。たまたまかもしれませんし、意図して手に取る人もいるでしょう。どちらにしても「出会い」。再び川に流す人もいれば、そのまま読み進める人もいます。

僕自身、多くの漂着物（本）と出会ってきました。大きく影響を受けたものもあれば、そのときの自分には合わなかったものもあります。ただ手に取った本は、僕自身の心を映し出していた気がします。そうでなかったならば、きっと「漂着」はしなかったはずですから。

そうした流れの中で、本書はどのような方に「漂着」するのでしょう。「漂着神」とは言いません。ただ、素敵な縁を運ぶことができたならばこんな嬉しいことはありません。「はじめに」でも書きましたが、本書を通して読者自身の物語が始まれば幸甚です。

僕たちはそれぞれ「物語」を持ち、それはいまも続いています。その一つ一つは独立し、小さなものかもしれません。でも、たくさんの物語が集まり、つながれば、やがて大きな流れとなります。その流れは、これまでになかった新しい勢いを作り、壮大な物語となって多くの人に素敵なものを運んでくれるのではないでしょうか。縁の一つの一つがそんな可能性を秘め、僕たちの知らないところで大河となって流れている。例えそれが白河夜船に見る夢だとしても、そんな気がしてなりません。

このたび、本書を企画したまつやま書房の山本正史氏と山本智紀氏との縁により、一冊にまとめ上げることができました。春の講演会の何気ない立ち話から、ここまで形にできたのは両氏のご尽力の何ものでもありません。改めて御礼申し上げます。

また、最後になりましたが、校正及びアドバイスをしてくれる妻と、父の史跡巡りに一緒についてきてくれる子どもたちに感謝します。

平成三十年八月

髙鳥邦仁

【参考文献】

乾克己他『日本伝奇伝説大事典』一九八六年　角川書店
大利根町役場『史話と伝説―大利根町誌―』一九七八年
葛西用水路土地改良区『葛西用水史 通史編』一九九二年
加須市教育委員会『加須市文化財調査報告書第4集　利根川旧堰堤跡』一九九三年
北川辺町史編さん委員会『北川辺町史 史料集（九）民俗 北川辺の民俗（一）』一九八四年
九学会連合・利根川流域調査委員会『利根川―自然・文化・社会―』一九七一年 弘文堂
埼玉県『中川水系Ⅰ総論・Ⅱ自然　中川水系総合調査報告書1』一九九三年
埼玉県『中川水系Ⅲ人文 中川水系総合調査報告書2』一九九三年　埼玉県県政情報資料室発行
埼玉県神社庁神社調査団『埼玉の神社 大里北葛飾比企』一九九二年　埼玉県神社庁発行
埼玉県神社庁神社調査団『埼玉の神社 入間北埼玉秩父』一九八六年　埼玉県神社庁
埼玉県立歴史資料館『埼玉の中世城館跡』一九八八年　埼玉県教育委員会
埼玉県教育委員会『埼玉の館城跡』一九六八年
埼玉県教育委員会『埼玉の獅子舞』一九七〇年
さいたま文学館　図録「利根川と文学～生活・風土・災害をめぐる作品」二〇一四年

彩の川研究会『埼玉県内に残る旧堤の調査研究報告書』二〇〇二年
下川崎千年紀記念事業実行委員会編『下川崎の記録』二〇〇五年　下川崎千年紀記念事業実行委員会
鈴木孝之・岩瀬譲・加藤隆則『飯積遺跡Ⅰ』二〇〇七年　財団法人埼玉県埋蔵文化財調査事業団第333集
同『飯積遺跡Ⅱ』二〇〇七年 財団法人埼玉県埋蔵文化財調査事業団第334集
羽生領用悪水路土地改良区『羽生領水利史 通史編』一九九七年
板垣時夫「大水からムラを守る伝承～人柱伝承と土手切り伝承～」
（「埼玉民俗 第四十二号」二〇一七年　埼玉民俗の会）
同「大利根町の漂着神伝承」（「埼玉史談 第四十八巻第四号」二〇〇二年　埼玉県郷土文化会）
金井忠夫『利根川の歴史』一九九七年　日本図書刊行会
澤口宏「利根川の河道変遷―東遷以前―」（『館林市史研究おはらき 第2号』二〇〇六年　館林市）
関口啓助『砂山・その周辺覚え書』一九九六年　私家版
高田一『中川上流域における治水・利水の研究―近世期の羽生領を中心に―』一九九五年　私家版
田中祐樹「古利根川（旧利根川）左岸の中世堤防について―近年の調査成果から―」
（「埼玉考古51号」二〇一六年　埼玉考古学界）
中山正民「中世・近世の利根川中流地域における地形環境と社会史―浅間山の大噴火と利根川の瀬替え―」
（『歴史地理学 第184号』一九九七年　歴史地理学会 古今書院）

韮塚一三郎『埼玉県地名誌―名義の研究―』一九六九年　北辰図書株式会社
同　『埼玉県伝説集成 中巻』一九七三年　北辰図書出版
細村一彦『近代羽生周辺地域（旧羽生領地域）の利水・治水・水害と地域社会』二〇〇四年　私家版
堀口武司『狢の夜話』一九八六年　私家版
掘越美恵子・田村治子『羽生昔がたり』一九八四年～　羽生市秘書広報課
松浦茂樹『埼玉平野の成立ち・風土』二〇一〇年　埼玉新聞社
間仁田勝『よもやま話 利根川いまむかし』二〇〇八年　私家版
若尾五雄「人柱と築堤工法」（小松和彦『異人・生贄』二〇〇一年 河出書房新社）
渡辺勤『輪中北川辺の水害―近世古河川辺領における歴史地理学的考察―』一九九四年　私家版

大利根町教育委員会『大利根町史　通史編』二〇〇四年　大利根町
大利根町教育委員会『大利根町史　民俗編』一九九九年　大利根町
加須市『加須市史 通史編』一九八一年 加須市史編さん室
『加須市史 資料編Ⅰ』一九八四年 加須市史編さん室
久喜市『久喜市史 通史編 上巻』一九九二年　久喜市史編さん室

埼玉県『新編埼玉県史 別編2民俗2』一九八六年
杉戸町役場（町史編さん室）『杉戸町史　通史編』二〇〇五年
杉戸町役場『杉戸町史 考古資料編』二〇〇三年
館林市『館林市史　通史編1』二〇一五年　館林市史編さん委員会
羽生市『羽生市史 上巻』一九七一年 羽生市史編集委員会
宮代町教育委員会『宮代町史　通史編』二〇〇二年　宮代町

著者略歴

髙鳥 邦仁 （たかとり　くにひと）

著者近影
羽生市「村君英語村」
にて獅子舞解説中

＜略歴＞
1979 年 埼玉県羽生市生まれ
2008 年「放課後の羽生城」で
彩の国・埼玉りそな銀行第 39 回埼玉文学賞小説部門正賞受賞
2018 年現在、羽生市教育委員会に勤務

主な著書
『羽生・行田・加須　歴史周訪ヒストリア』（まつやま書房）
小説「光り川」（「文芸埼玉」第 72 号掲載　埼玉県教育委員会）
小説「追想の花火 ―清水卯三郎伝―」
（第 48 回埼玉文芸賞佳作　同誌第 97 号掲載）
エッセイ「子ども古利根川探訪」（同誌第 80 号掲載）など

埼玉ヒストリア探訪
古利根川奇譚　古利根沿いに眠る伝説と史話を歩く

2018 年 9 月 1 日　初版第一刷発行
著　者　髙鳥　邦仁
発行者　山本　正史
印　刷　恵友印刷株式会社
発行所　まつやま書房
〒 355 － 0017　埼玉県東松山市松葉町 3 － 2 － 5
Tel.0493 － 22 － 4162　Fax.0493 － 22 － 4460
郵便振替　00190 － 3 － 70394
URL:http://www.matsuyama － syobou.com/

ISBN 978-4-89623-115-1　C0021

羽生 行田 加須 歴史周訪ヒストリア

読めば行きたくなる調べたくなる！
三地域の史跡スポット探訪記

　最寄り駅近くにある小高い丘・古墳、住宅街の奥にたたずむ神社、草木が生える古戦場跡。身近にありすぎたその場所は有名な歴史事件とも関わっていた。著者はそんな歴史スポット数箇所を丹念に拾っていく。

「羽生に歴史がないなんてとんでもない。歴史はある。しかも、他市に引けを取らないくらい豊かに。見慣れた景色は一変し、それまで全く気に留めなかったものに目がいった。身近すぎるだけに気付かなかったらしい。いや、それは新しい発見であり、自分の知らない世界は何も遠いところではなく、すぐそばにあることを知った。」（本書はじめにより）

　郷土史家に長年師事し、自身も郷土研究を重ね、羽生市立郷土資料館員である著者が、先人が積み重ねてきた史実の観点を堅実に拾いあげ、さらに伝説・伝承・民話の観点も絡めて、その地域にある史跡スポットを情緒豊かに紹介する。

羽生、行田、加須の
古墳 城跡 神社仏閣を計28箇所紹介

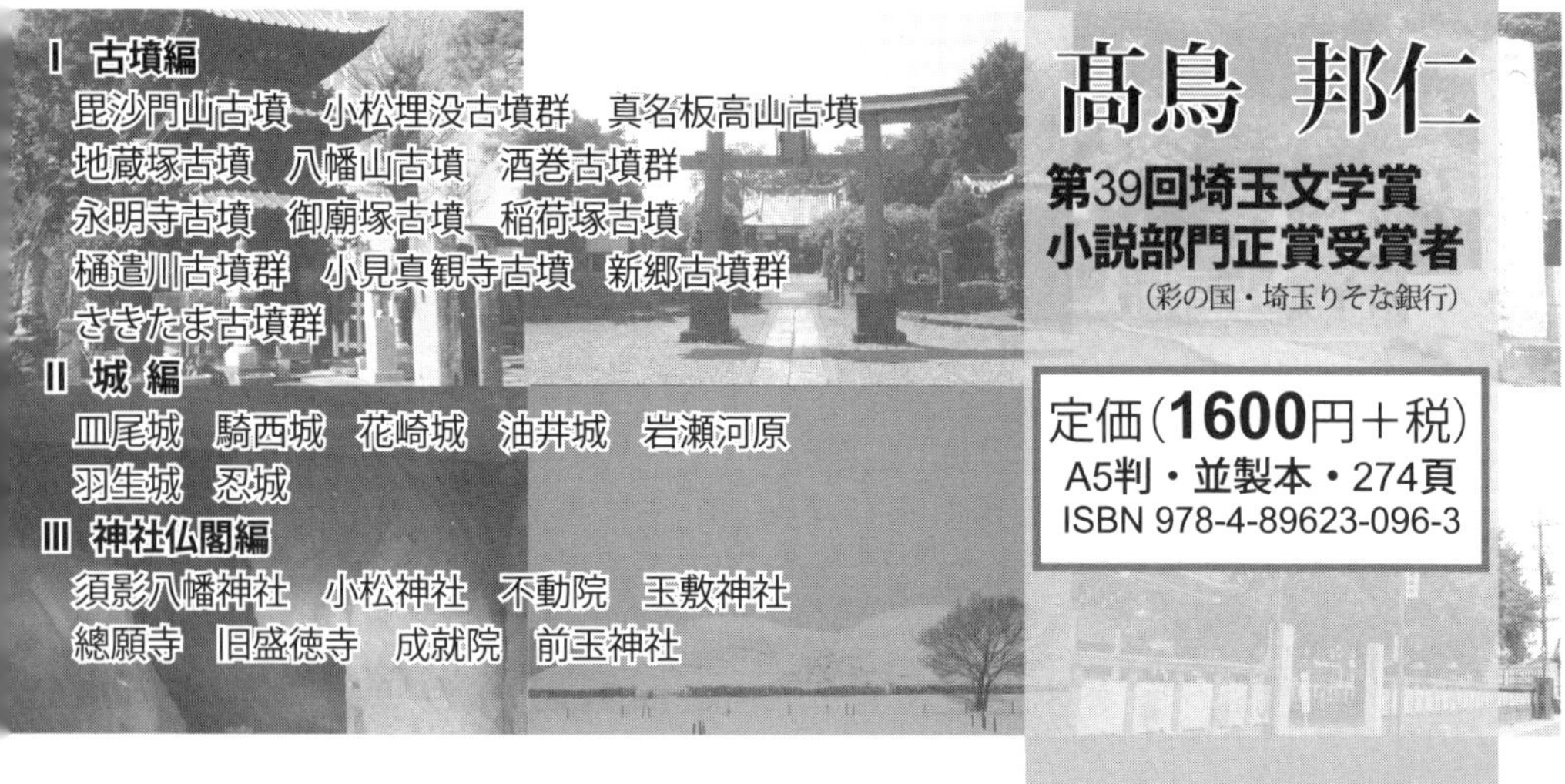

Ⅰ 古墳編
毘沙門山古墳　小松埋没古墳群　真名板高山古墳
地蔵塚古墳　八幡山古墳　酒巻古墳群
永明寺古墳　御廟塚古墳　稲荷塚古墳
樋遣川古墳群　小見真観寺古墳　新郷古墳群
さきたま古墳群

Ⅱ 城 編
皿尾城　騎西城　花崎城　油井城　岩瀬河原
羽生城　忍城

Ⅲ 神社仏閣編
須影八幡神社　小松神社　不動院　玉敷神社
總願寺　旧盛徳寺　成就院　前玉神社

髙鳥 邦仁
第39回埼玉文学賞
小説部門正賞受賞者
（彩の国・埼玉りそな銀行）

定価（**1600**円＋税）
A5判・並製本・274頁
ISBN 978-4-89623-096-3